博物馆学认知与传播
论丛

故事的力量

博物馆叙事展览的结构与建构

POWER OF STORY

The Structure and Construction of
Museum Narrative Exhibition

许捷 著

ZHEJIANG UNIVERSITY PRESS
浙江大学出版社

图书在版编目（CIP）数据

故事的力量:博物馆叙事展览的结构与建构 / 许捷著. —杭州：浙江大学出版社，2021.12(2022.5 重印)
ISBN 978-7-308-22049-1

Ⅰ.①故… Ⅱ.①许… Ⅲ.①博物馆—陈列设计—研究 Ⅳ.①G265

中国版本图书馆 CIP 数据核字(2021)第 248272 号

故事的力量:博物馆叙事展览的结构与建构

许 捷 著

责任编辑 陈思佳(chensijia_ruc@163.com)
责任校对 许艺涛
封面设计 雷建军
出版发行 浙江大学出版社
(杭州市天目山路 148 号 邮政编码 310007)
(网址:http://www.zjupress.com)
排　　版 杭州青翊图文设计有限公司
印　　刷 杭州高腾印务有限公司
开　　本 710mm×1000mm 1/16
印　　张 12.5
字　　数 210 千
版 印 次 2021 年 12 月第 1 版 2022 年 5 月第 2 次印刷
书　　号 ISBN 978-7-308-22049-1
定　　价 68.00 元

总　序

现代博物馆源自两个古老的传统，一个是以缪斯的名义出现的对知识和哲学的冥思，一个是以收藏柜为表征的对器物的收藏。这两个传统在很长时间内并没有交集，直到16世纪中叶基格伯格（Samuel Quiccheberg）做出最初的尝试。在基格伯格的时代，一种以剧场形式出现的讲演记忆训练中，物品作为帮助提示讲演人记忆的手段出场，物与思想发生了接触。从那以后，两者的结合一直是博物馆史的重要内容。经过几代人的努力，它们逐渐走向融合，并向着两位一体的方向发展。然而，只有当人们的观念突破了收藏物精美的外壳，将关注转向物质深处的精神内涵，并试图以知识和信息的形式将其提炼与揭示出来时，物与思想结缘的通路才被真正打开。从此，物品作为欣赏对象与作为启发思想、帮助理解的知识载体的双重身份出现了有机的结合。

这既是博物馆历史演变的趋势，也是博物馆现实发展的理想。依着这样的愿景，当观众进入一座优秀的博物馆，他不仅能感受到人类制造物的艺术魅力，满足欣赏与崇拜的愿望，也应该能在阐释的帮助下深入理解物品内部的知识、思想与情感的内涵，在智性方面有所收益。然而，在现实中，两者的结合还有待进一步的努力，尤其在中国，如何在欣赏物品的基础上强化展览的信息传播能力，提高观众的参观收益，是今后一个时期特别需要关注的方面。这就是本丛书产生的背景和目的。

在全球范围学习型社会建设的浪潮中，非正式学习的需求被极大地放大，博物馆作为一个高度组织化与制度化的非正式教育机构，如何满足这一需求，是一个必须应对的挑战。当公众带着更多学习与理解的诉求进入博物馆，他们会发现，在这一机构中学习与认知的过程是非常独特的，与他们日常的学习经验大相径庭：作为知识传播者的策展人并不像老师那样站在他们的面前，而是隐身幕后；作为信息传播载体的不是符号，而是物品；更大的差异是，如果说教室是为学习者提供的一个栖身空间的话，那博物馆展厅本身就如同教科书，成为学习的对象与内容。观众在书中穿梭,在行走与站立的交替运动中,对空间中呈现的物品进行观察、阅读和体验。在这个过程中,许多在日常学习行为中不曾遇到过的因素开始影响他们的学习,比如方向、位置、体量、光、色彩等。如果方向不对,叙事的顺序就乱了;如果位置不对,物品之间的逻辑关系就错了;如果光出现了问题,观众不仅觉得眼睛不舒服,而且也会对展览的重点出现误解。这种学习者所面临的"环境语境"是其他学习行为所没有的。

这一切都表明,尽管我们可以利用一般的教育学、认知学、心理学和传播学理论来帮助我们,但博物馆学习的独特性质仍然要求我们进行专门的、针对性的研究,并将其作为博物馆学研究的中心内容之一。没有对博物馆学习与认知过程独特性的研究与理解,我们的传播方法与策略就缺乏明确的标的,缺乏必要的有效性。所以,在这种情况下,首先要展开对博物馆学习与认知特点的研究,探明这一媒体与其他媒体在传播过程中的区别,为制定正确有效的传播策略提供依据。正因为如此,我们把博物馆学习与认知及其和传播的关系作为重要的学术内容展开研究,并期待有更多的学者关注这一问题。

传播效益取决于多方面的因素,这些因素贯穿在整个展览的建设与运营中。比如:如何通过前置评估了解公众的需求与愿望,并将他们的想法融入展览策划;如何在建构展览的结构和框架时将主题叙述的思想及逻辑要求,与博物馆学习的特点及公众的习惯、爱好相结合;如何规划与经营展览设计的空间,让观众觉得整个展览清晰流畅、层次分明、重点突出,并通过形成性评估来保证其落实;如何针对基本陈列展开适当的拓展式教育和相关的配套活动,使展览主题内容得以深化与拓展;如何通过总结性评估收集观众的意见与建议,进一步做好展览的调整与改善,以为下次展览提供借鉴;等等。所有这些,都直接影响到博物馆的传播效益,进而影响其社会效益的实现。

本丛书分为"译丛"与"论丛"。鉴于一些国家已经在博物馆学认知与传播方面积累了相对成熟的经验,为我们的探索提供了很好的借鉴,为此,"译丛"从理论与实践两个方面反映了当代西方博物馆学界的新观念、新理论与新实践。"论丛"则是国内学者在探索过程中的心得,尤其令人欣慰的是,作者大多是年轻人,其中有一些已经参与了大量的展览实践。衷心希望这套丛书能够为实践中的工作团队提供有益的启发,为中国博物馆事业发展的洪流增添美丽的浪花。

严建强

2018年3月30日

序

读了许捷的《故事的力量:博物馆叙事展览的结构与建构》,我感慨万千。我十分钦佩他对世界范围内文学和博物馆文献的了解,同时甚至有点羡慕他所掌握的世界各地各种类型博物馆展览的一手资料。我很高兴地意识到,近年来,中国博物馆的理论和实践都在快速发展。在不久前,中国的许多博物馆仍然在遵循单一的呈现方式。而我们现在可以看到这些博物馆更多样化的表达,并且积极面对严肃的和创造性的批评。

这本书阐述的一个重要观点是,将博物馆本身视为一种媒介是非常重要的。博物馆作为一个特定模式的平台,将时间和空间中的信息、叙述(故事)、图像、物等传达给观众。这也是为什么在一些西方的大学,博物馆学(博物馆研究)被归入媒体研究,和图书研究、电影研究、大众传播以及数字化研究相提并论。当然,这种学科分类目前还没有广泛实行。我惊喜地发现本书对托尼·贝内特(Tony Bennett)所说的"展览综合体"(exhibitionary complex)作为一种媒介进行了透彻的分析。在这样分析的过程中,媒介对有关真实性、作者身份、内容、声音和语境等亟待讨论的问题敞开了大门。自2013年以来,我十几次到访中国,与中国的博物馆进行了深入的接触,但我与我的许多同事都没有意识到这一点。每当与瑞华德学院(Reinwardt Academy)的博物馆学硕士研究生一起参观展览时,我常常要求他们不要跟从叙事,而是认真考虑以下三个问题:这里发生了什么?是谁在发声?你对此有何看法?换句话说,在什么样的语境下,什么样的权力结构让我们理解什么信息?学生梳理出来的元叙事是教学和定位批判的重要材料。

这本书的最后一章尤其引人入胜。好的分析不会产生好的故事,好的故事也不一定产生好的展览。分析展览,理解能指与所指、模式与话语的区别,感受任何装置的多层次性,使我们能够意识到沉浸式的力量、好处和内在的危险。这可以被称为展览的价值负载公共空间,正是在那里,展示着对我们所有人来说都很重要的信息。

在许捷的博物馆世界中,特别值得关注的一点是,展览中的许多信息可能只是下意识的呈现,是隐藏的信息。我在这里特别区分了叙述(故事)和(无意的)信息。这本书中多次讨论了位于华盛顿特区的美国大屠杀纪念馆。在我看来以下事实需要特别注意:在这个博物馆中,展览讲述故事所采用的语言都是英语,而不是德语,包括希特勒臭名昭著的演讲。因此,其中所包含的下意识信息可能让观众产生了一种亲近感,祛除了大屠杀灾难中的德国风格,让人觉得"这可以是发生在任何国家的事",时间和地点就此消解了。这种与事实的区隔是有风险的,这也许是展览有一个不寻常的开头的原因:在展览的入口处,一名犹太幸存者简要解释了为什么有这个展览,并展示了1944年4月一名美军士兵进入纳粹集中营时的画面。这当然不是绝对真实的历史事实,而是一种演绎。

西方博物馆的一个重要议题是多元化。我认为,国际博物馆协会关于博物馆的新定义讨论主要是关于这一点。在我们这个充斥着假新闻和虚构新闻的时代,后现代多元主义已经失去了它的光芒。如果任何人的观点都是同样有效的,那一切将毫无意义?如果气候变化这样的科学事实被视为只是一种观点,那为什么遗产和其他机构的陈述还值得信赖?在许多西方博物馆中,可以看到向多元发声(multivocality)的转变。现在,所有已知的事实以及物和主题的各种背景都在以这种方式呈现,好让观众从多个角度考虑问题。有时,占主导地位的话语在特定的时期偏爱某种特定的观点,例如后殖民主义。目前,西方的前殖民世界的博物馆被要求归还在胁迫或其他权力不平衡的情况下从其他国家掠夺来的藏品。虽然文物归还鲜有真正实现的,但至少人们已经开始严肃地思考这一问题。我发现其产生的最有益的影响是,越来越多的博物馆鼓励观众参与到视角转变的对话中。

与多元化密切相关的是许多西方博物馆实践中的"参与转向"(participatory turn)。尽管本书在回顾全球博物馆发展时没有直接提及这点,但"草根运动"(grassroots movement)显然对世界各地的博物馆产生了深远的影响。当"其他"知识(不仅仅是社会、地方、性别、阶级等方面的专业知识）也被认为是有价值的，社区和地方的参与越来越被认为对博物馆及其活动具有重要意义，许多以前仅有博物馆工作人员参于的事务也逐渐向观众、公众、游客和社区居民开放。这里的博物馆事务并不局限于展览，也包括社会观念建构、展览主题选择、意义建构、收藏和展览评估、阐释和主持、研究和修复。对本书的主题而言，展览在这方面与其说是一种一次性的文化消费品，不如说是一种参与的邀请。参与性和多元发生有可能共舞吗？在荷兰有一个新的国家级展览，是关于前荷兰-印度尼西亚殖民时期的，其使命在新的观念之下表述为“让参观者能够构建从殖民历史到今天的意义”。这就是一种参与性与多元发声的结合。

本书没有特别提及的另一种现象是最近（历史）博物馆展览和当代艺术装置或机构之间界限的模糊。当然，书中提到，土耳其伊斯坦布尔的纯真博物馆很接近这样的类型。如果博物馆的某单一主题展览具有鲜明的艺术家个人风格和印记，其主题并未采用线性方式呈现，而是以整体的或格式塔的方式呈现，那么即使这是一个历史类主题，展览也采用的是真实的物，其仍将只是一个艺术装置。世界各地的失恋博物馆就是最好的例子。最近在阿姆斯特丹国立博物馆举办的关于奴隶制的展览也属于这一类型。受到威尼斯双年展和卡塞尔文献展这些当代艺术展览的启发，越来越多的历史博物馆邀请艺术家为展览创作特定主题的作品。我们可以认为艺术家在创作和呈现作品时都获得了充分的自由，这些作品所带来的外部评论丰富了信息发送者（博物馆）和信息接收者（观众）的体验。当然，就像意义总是需要协商一样，这种现象到底是什么也变成了一个需要讨论的问题。

尽管有以上这些反思，但这丝毫没有影响到这是一本内容丰富、结构精巧的书。许捷在书中所探讨的都是世界范围内博物馆界应该关注、亟待解决的热点问题。

荷兰瑞华德学院教授

里默尔·克诺普（Riemer Knoop）

2021年10月

目录

CONTENTS

第一章　很久很久以前　/ 1

第二章　博物馆的叙事转向　/ 25

第三章　展览即故事——叙事展览的结构　/ 53

第四章　展览的故事思维　/ 105

第五章　故事的意义　/ 151

第六章　从此以后:故事的结局　/ 169

参考文献　/ 181

后记　/ 188

/ 第一章 /
很久很久以前

一、围在篝火边的人类

每个六边形的每个墙壁上都有5个书架。每个书架有32本相同版式的书，每本书有410页，每页有40行，每行大约有80个黑体字母。在每本书的书脊上也有字母，但这些字母并不表明或预先说明每页会讲些什么。我知道，有时候缺少某种关联，看起来很令人费解。

——博尔赫斯：《巴别塔图书馆》[①]

虚构的巴别塔图书馆如图1-1如示。

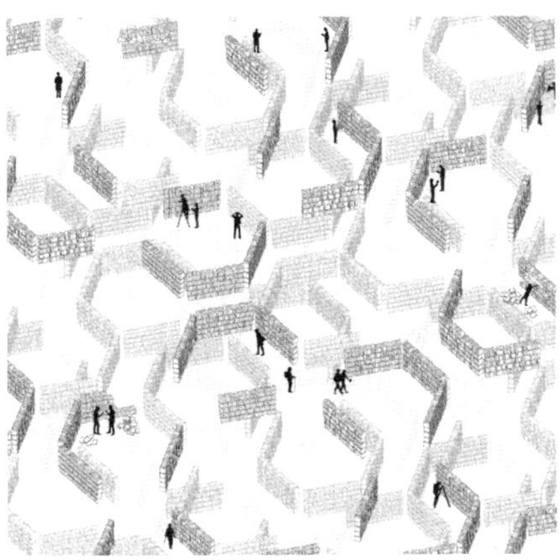

图1-1　Places Journal 网站虚构的巴别塔图书馆

① 又译为《通天塔图书馆》，收录于：博尔赫斯. 小径分岔的花园（博尔赫斯全集）[M]. 王永年，译. 上海：上海世纪出版集团，2015.

1944 年,博尔赫斯在《巴别塔图书馆》这篇短篇小说中构想了一个故事的宇宙,这个图书馆包含了所有的已经存在的故事,也可能包括了尚没有被创作的故事。这是一个可以说包含了一切,但其实又什么都没有的宇宙。有人认为只要努力寻找,总能在随机排列的字母中找寻到自己想要的那本书,也有人认为有一本包含了所有答案的书,有一本目录的目录。

1976 年,艺术家杉本博司在纽约的自然史博物馆开始了他的第一个摄影系列创作:全景画。在《爱的起源》一文中,杉本博司把这幅照片(见图 1-2)称为"最早的人类情侣"。围绕着这位我个人很喜欢的艺术家早期的创作,可以读到好几个故事。

图 1-2 最早的人类情侣

第一个是人类的故事:

约 350 万年前,在被马塞族称为"红色百合"的非洲草原上有火山爆发。当时火山灰覆满大地,天降大雨,地面一片泥泞,各式各样的生物走过后留下了各种足迹,有犀牛、大象、羚羊,还有已经灭绝的几内亚鸟、爪蹄兽、马的祖先(三趾马)。火山灰含有和水泥类似的碳酸岩成分,所以足迹逐渐风干硬化。在这片足迹中,有一串 54 步的脚印,被推断为已经能直立行走的类人猿留下的。

第二个是考古的故事:

350 万年后的 1972 年,在长达 8 个月没有突破的发掘之后,考古学家玛丽·里奇发现了这些足迹。考古队员们在一次丢大象粪便的恶作剧中，发现这些足迹化石就在考古队每天经过的地方。1974 年，唐纳德·约翰森等人在埃塞俄比亚阿法尔谷底阿瓦什山谷的哈达尔发现了遗存约有 40% 的阿法南方古猿骨架。这具骨架的主人生活于约 320 万年以前，被归类为人族，在阿尔迪发掘出来之前都被视为“人类最早的祖先”。在考古营地的庆祝中，考古队员们整晚反复播放着披头士乐队的 *Lucy in the Sky with Diamonds*，露西成了这具骨架的名字。

第三个是展览的故事：

在美国自然史博物馆的展厅中，露西正和另一个雄性南方古猿并肩走在覆盖着火山灰的地面，留下一串长长的脚印。画面中还有留下其他足迹的动物们，以及远方依旧冒着烟的火山。考古学家们的发现被捏合到一个故事的场景中。露西被保存在亚的斯亚贝巴的埃塞俄比亚国家博物馆，而名为“露西的遗产：埃塞俄比亚的隐藏宝藏”的展览在美国巡回展出。克利夫兰自然历史博物馆陈列着经过重建的原件倒模复制品，美国自然史博物馆在人类生物与进化厅展示了包括南方古猿在内的人类祖先在其栖息地上的活动，芝加哥菲尔德自然历史博物馆在“进化的行星”展中展出了重建后的露西骨架倒模。

第四个是艺术的故事：

在杉本博司看来，这是一对男女的脚印，女方的脚印要比男方的小，但是两者的步幅是相同的，由此可推断女方相当卖力地跟上男方的脚步。这对足迹，就和现在年轻情侣在海边漫步相偎相依留下的足迹一模一样。人类还未完全脱离猿猴状态时，就成双成对，肩靠着肩，走着相同的步伐。① 全景画系列成为杉本博司进入艺术界的第一个作品系列。

最新的研究挑战了露西作为全人类祖母的地位，即便是放在地质史的尺度中，20 万年也是相当漫长的时间。围绕着露西残缺的骨架标本，可以看到一系列考古发现、博物馆、展览、艺术家讲述或再创作的故事。这些故事里的信息并不都那么准确，但这并不影响其迷人之处，甚至成为我们讲述人类演化时绕不开的故事。在科学的时代，我们依旧孜孜不倦地在书写人类诞生的故事。

---

①　杉本博司．直到长出青苔[M]．黄亚纪，译．桂林：广西师范大学出版社，2012：23．

2018年,为了在良渚古城遗址公园复原展示反山墓地,我采访了王明达老师,请他讲讲1986年反山墓地发掘的过程。王老师是当时的考古领队,在他的讲述中,我听到了不少相当“戏剧性”的表述:数月没有进展的发掘、重大发现出现前来临的雷雨、违反规定从隔梁跳进探方的激动……这不是我第一次听王老师讲反山的故事。在发现反山墓地后的20多年里,相信他反复讲述过发现的过程,并且意识到这些真实的细节能够吸引听众,尽管这些细节并不是事件发生时最重要的情节。就像美国独立战争当然不是要等到莱星顿的第一枪才真正开始,人们只是在之后的讲述中需要一个标志性的事件。12号墓的漆杯也不是要等到一场雷雨来临才会被发现,但故事的传奇性或者说故事性本身,就是靠这些无关紧要的细节构建来吸引人的。就像红色百合上发生的为了躲避大象粪便而发现足迹的故事,看似是巧合、偶然,其实是人类讲述故事的技巧。

杉本博司的全景画系列中有另一张4万年前尼安德特人的照片。尼安德特人已经学会了使用火和制作工具。杉本博司描述照片中的两名女性之间有类似婆媳的关系,右边的女性应为婆婆,她发号施令,把工作都交给了媳妇。[①] 但尼安德特人真的已经有了这种婚姻制度下的关系了吗?我们为什么没有成为尼安德特人的直接后代?当他们围在篝火边交流信息时,是在谈论去哪里打猎吗,还是在讲别人的坏话?这种讲述八卦的能力,是不是让我们和其他的动物变得更不一样?

人类当然不是唯一有社会结构的动物,我们在蜜蜂、蚂蚁、猴子、海豚的生活方式中都可以看到某种社会结构,但这种社群的数量往往是有限的。对人类来说,一旦突破了150人,事情就大不相同了。究竟智人是怎么跨过这个门槛值,创造出了有数万居民的城市、有上亿人口的帝国?尤瓦尔·赫拉利(Yuval Harari)认为,这里的秘密很可能就在于虚构的故事。就算是大批互不相识的人,只要同样相信某个故事,就能共同合作。无论是现代国家、中世纪的教堂、古老的城市,还是古老的部落,任何大规模人类合作的根基,都在于某种只存在于集体想象中的虚构故事。[②] 民族可能也是建立在这种虚构的

---

① 杉本博司.直到长出青苔[M].黄亚纪,译.桂林:广西师范大学出版社,2012:29.

② 赫拉利.人类简史:从动物到上帝[M].林俊宏,译.北京:中信出版社,2017:26.

故事基础上的。厄内斯特·勒南(Ernest Renan)在《民族是什么?》中写道:“然而,民族的本质是每个个人都会拥有许多共同的事物,而且同时每个个人也都遗忘了许多事情。”本尼迪克特·安德森(Benedict Anderson)的《想象的共同体》可能更为流行。他认为,我们今天的民族或者国家,都是建立在共同信念的基础上的,毕竟人是一种总是要把自己挂在意义之网上的动物。

故事如此迷人,又有着如此巨大的力量,但也可能带我们走上未知的方向,这正是我想要研究故事和博物馆关系的原因。我们从小就是听着大人们用“很久很久以前……”开头,按照时间顺序讲故事,来完成对这个世界最初的认识的。叙事是我们从小就熟悉的一种认知模式,几乎是人的一种本能。心理学家杰罗姆·S. 布鲁纳(Jerome S. Bruner)曾深入地探索了叙事的意义及其在创造和阐释人类文化中的基础性作用。在《有意义的行为》(*Acts of Meaning*)一书中,布鲁纳讨论了两种与博物馆直接相关的故事讲述(storytelling)的特质。第一种是关于人们是怎么学习的。[①] 他认为人类是天生的故事讲述者,人类通过叙事来理解世界和自己。从小时候开始,人们就知道把自己的欲望与家庭规则结合起来的方法是建立一个关于他们行为的故事。布鲁纳认为,这种叙事建构让儿童掌握了语言技能。这个习惯将一直保持到成年,成为意义建构的主要工具。讲故事的技巧确保了我们在社会中的位置,那些没有被结构化为叙事的信息则可能更容易被遗忘。[②] 第二种则是故事都具有一个视点(point of view)。布鲁纳认为故事中发生的一些事情,一些在现实生活中发生的被认为是错误的事情,对于一些问题的解决,将有助于我们建立基本的价值观和信仰。[③]

不论是从博物馆的实践来看,还是从心理学家的视角来看,叙事都能够带给博物馆展览积极的意义。难怪莱斯莉·贝德福德(Leslie Bedford)认为讲故事才是博物馆真正重要的工作。在她的观点中,讲故事不仅仅是一个非常基础的学习方法,更是实现一个建构主义博物馆(constructivist museum)

---

① Jerome Bruner. Acts of Meaning: Four Lectures on Mind and Culture[M]. Revised ed. Cambridge: Harvard University Press, 1990: 45.

② Leslie Bedford. Storytelling: The Real Work of Museums[J]. Curator: The Museum Journal, 2001(1): 27-34.

③ Jerome Bruner. Acts of Meaning: Four Lectures on Mind and Culture[M]. Revised ed. Cambridge: Harvard University Press, 1990: 14.

的理想策略。① 在这样的环境中,不同背景、不同年龄的观众都被鼓励找寻属于自己的意义,熟悉和未知在这里产生交集,这是一个真正可以用来学习的地方。②

2015 年,大都会艺术博物馆(Metropolitan Museum of Art)首席数字官(chief digital officer)斯瑞·斯瑞尼瓦桑(Sree Sreenivasan)在接受采访时表示,未来的关键在于讲故事。③ 事情真的这么简单吗?故事是一个就像空气和水一样过于日常的存在,人们还发明了很多其他的类型的文本:散文、诗歌、论文、字典、说明书……博物馆是否可以直接投入叙事的怀抱?斯瑞尼瓦桑所说的故事和我们日常理解的故事是同一个概念吗?今天的我们已经很少围在篝火边讲八卦,但博物馆的展览中却常常会再现这样的画面。当博物馆与叙事相遇,会发生什么?

二、叙事学语境下的博物馆

> 世界上有无数形式的叙事……叙事出现在神话、传奇、寓言、传说、短篇小说、史诗、历史、悲剧、悬疑剧、喜剧、哑剧、绘画、彩窗玻璃、电影、当地新闻、谈话中。叙事以无限的形式,存在于所有时间、所有地方、所有社会中。
>
> 罗兰·巴特(Roland Barthes):《叙事作品结构分析导论》④

(一)罗兰·巴特的预言

尽管博物馆界正热情地谈论着关于"讲故事"的种种议题和可能性,但在叙事学框架下来讨论博物馆学的研究,不可避免地仍然要从结构主义叙事学

---

① Leslie Bedford. Storytelling: The Real Work of Museums[J]. Curator: The Museum Journal, 2001(1):27-34.

② George E. Hein. Learning in the Museum[M]. London; New York: Routledge, 1998:155-179.

③ Interview with Sree Sreenivasan, Chief Digital Officer, Metropolitan Museum of Art[EB/OL]. (2014-12-10)[2018-10-01]. https://www.cxotalk.com/episode/sree-sreenivasan-chief-digital-officer-metropolitan-museum-art.

④ Roland Barthes, Lionel Duisit. An Introduction to the Structural Analysis of Narrative[J]. New Literary History, 1975(2):237-272.

的发展开始。20世纪80年代以来，经典叙事学遭到后结构主义和历史主义的夹攻，研究势头回落，人们纷纷开始宣告经典叙事学的死亡。① 但80年代至21世纪初的西方叙事学领域，后经典叙事学家在分析作品时，仍经常以经典叙事学的概念和模式作为技术支撑。② 不论是对展览进行叙事分析还是建构，结构主义叙事学依旧是非常有力的工具。博物馆与叙事的关系如此模糊不清，很大程度上源于叙事学家对于“叙事”这一概念无休止的争论。叙事学的发展已经走过了数十年的历程，但是作为其研究的对象，叙事的定义却没有得到统一的界定。莫尼卡·弗鲁德尼克(Monika Fludernik)认为，每种叙事理论都确立了其自身对叙事的定义。③ 但这也说明了叙事学本身是一门依旧在不断发展的学科，学者们对叙事的定义始终保持在动态的认识过程中。也正是这种发展，让叙事学成为一门研究各种叙事文本的综合学科，研究对象包括叙事诗、日常口头叙事、法律叙事、电影叙事、戏剧叙事、历史叙事、绘画叙事、广告叙事等。④ 可以认为，巴特在叙事学诞生的初期就为其日后向其他学科拓展做了预言。所谓当代博物馆展览的叙事转向也是在叙事学向其他学科延伸的过程中出现的。对于展览讲故事的研究也是在这样的背景下产生的，但由于叙事学本身的复杂性，对于展览叙事的研究充满了挑战。

经典叙事学的启发

尽管对故事的讨论在亚里士多德的《诗学》中就已经开始了，但经典叙事学是在俄国形式主义和法国结构主义的影响下诞生的。叙事学是直接采用结构主义的方式来研究叙事作品的学科。与传统小说批评理论相对照，结构主义叙事学将注意力从文本的外部，即探讨作者的生平、挖掘作者的意图等，转向文本的内部，着力探讨叙事作品内部的结构规律和各种要素之间的关联。⑤

结构主义叙事学诞生的标志是《交际》杂志1966年第8期在巴黎的出版。到20世纪70年代，叙事学成为一门具有独立研究对象和理论体系的学科，为

---

① 申丹.经典叙事学究竟是否已经过时？[J].外国文学评论，2003(2)：92-102.

② 申丹，王丽亚.西方叙事学[M].北京：北京大学出版社，2010：6.

③ 尚必武.什么是“叙事”？概念的流变、争论与重新界定[J].山东外语教学，2016(2)：65-73.

④ 申丹，王丽亚.西方叙事学[M].北京：北京大学出版社，2010：3.

⑤ 申丹，王丽亚.西方叙事学[M].北京：北京大学出版社，2010：2-3.

小说研究提供了重要的模式和方法。与此同时,西方学者开始将“叙事”这一概念引入各种文化活动。学者们认为,叙事活动和叙事文本构成了人类文明、文化的一个重要方面。依照批评家沃尔特·费希尔(Walter Fisher)的说法,在人类文化活动中,“故事”是最基本的。我们每个人都是故事的叙述者,也是故事的聆听者。①

在结构主义叙事学中,热拉尔·热内特(Gérard Genette,也译作“热奈特”)的《故事话语》与《新故事话语》以及西摩·查特曼的《故事与话语:小说和电影的叙事结构》,提供了坚实的叙事作品分析工具。热内特就故事时间和话语时间的关系区分出三种类型,分别是顺序(order)、时长(duration)和频率(frequency)。在热内特的叙事时间体系中:顺序可以分为正常序列和错时序列;时长可以分为概述、省略、场景、拉伸、停顿五种情况;频率则可以分为单一叙述、复合-单一叙述、重复叙述和综合叙述。热内特对于叙事时间的分析方法,已经超越了叙事媒介的差异,而查特曼对于叙事作品中时间的分析,也正是建立在热内特论述的基础上的。在《故事与话语:小说和电影的叙事结构》中,查特曼用符号学的方法,针对叙事结构,按照表达的形式和质料、内容的形式和质料的四分阵列来进行解释,并逐一分析了叙事的诸要素。② 更重要的是,查特曼突破了叙事学用宏观结构和情节类型学来表达叙事结构的限制,在叙事-交流情境示意图的基础上,进一步发展出了叙事结构的示意图。

除了对时间和结构的讨论,空间是叙事学的另一个重要形态,但对于空间的研究却是经典叙事学中的薄弱环节。尤迪勇的《空间叙事学》对于本书关于展览叙事空间的论述有着很好的启发。尤迪勇在书中分析了现代小说、记忆、历史叙事、图像叙事、文字叙事等媒介的空间。虽然他并没有直接涉及展览的实体空间,但其对历史叙事的空间基础论述,与叙事展览的故事空间有着直接的关联。尤迪勇认为,所有的历史事件都必然发生在具体的空间里。因此,那些承载着各类历史事件、集体记忆、民族认同的空间或地点变成

---

① Walter Fisher. Human Communication as Narration: Toward a Philosophy of Reason, Value, and Action[M]. Columbia: University of South Carolina Press, 1989: 193.

② Seymour Chatman. Story and Discourse: Narrative Structure in Fiction and Film[M]. New York: Cornell University Press, 1980: 24.

了特殊的景观，成了历史发生的场所。生命可以终止，事件可以完结，时间可以流逝，但只要历史发生的场所还在，只要储藏记忆的空间还在，我们就能唤起对往昔的鲜活感觉。“景观”既是一种稳定的社会角色，又是一个巨大的记忆系统。[①] 历史发生的场所为展览提供了两种相关联的叙事空间：一种是故事时间，即博物馆展品曾经见证的历史事件发生的空间，这个空间随着展品进入博物馆已经被剥离，只能存在于历史叙述中；另一种则是历史遗迹直接成为展览的现场空间，在这种情况下，故事空间和话语空间实现了在叙事上的统一。

20 世纪 80 年代中后期出现的女性主义叙事学、修辞性叙事学、认知叙事学等各种跨学科流派被称为“后经典叙事学”。经典叙事学以文本为中心，将叙事作品视为独立自主的体系，隔断了作品与社会、历史、文化环境的关联。而后经典叙事学则是将叙事作品视为文化语境的产物，关注作品与其创作语境和接收语境的关联。80 年代，经典叙事学势头回落，学者们纷纷宣告了经典叙事学的过时或死亡。[②] 但事实上，经典叙事学对后经典叙事学依旧有着极大的影响。2003 年 11 月在德国汉堡大学举行的国际叙事学研讨会的一个中心议题，就是如何将传统的叙事学概念运用于非文学文本。其理论模式依然是经典叙事学，只是拓展了实际运用的范畴。在之后的人文和社会学科叙事转向中，大量学科拥抱叙事学的方式，也是采用经典叙事学的分析模型对本学科的研究切入新的视角。

在结构主义式微之后，运用叙事理论对展览进行分析的研究出现了。1992 年，米克·巴尔在《说、展示、炫耀》(“Telling，Showing，Showing Off”)一文中首次用叙事声音、叙事聚焦和叙事时间等叙事理论对美国自然史博物馆的展览进行分析。她认为展览对于标本位置的先后顺序表现出一种后殖民主义的文化视角。[③] 巴尔认为叙事的视野提供了其他方法无法获取的意义，这样的分析可以用来“阅读”博物馆及其展览，而不仅仅是博物馆展出的物件。[④] 在巴尔的研究中，展览只是作为一种被分析的叙事文本出现，而与展览

---

① 尤迪勇. 空间叙事学[M]. 北京：生活·读书·新知三联书店，2015：384.

② 申丹，王丽亚. 西方叙事学[M]. 北京：北京大学出版社，2010：6.

③ Mieke Bal. Telling，Showing，Showing off[J]. Critical Inquiry，1992(3)：556-594.

④ Mieke Bal. The Discourse of the Museum. Thinking About Exhibitions[M]. London；New York：Routledge，1996：201-218.

本身是不是具备叙事结构并没有什么关系。

(二)叙事的媒介转换

让·皮亚杰(Jean Piaget)在《结构主义》一书中提到结构的三个特点,其中之一就是结构是具有可转换性的。[①] 小说、电影、话剧、芭蕾……这些叙事媒介都可以讲述同一个故事。例如莎士比亚的名作《罗密欧与朱丽叶》,在其故事内核没有发生变化的情况下,这个故事可以用剧本、小说、话剧、歌剧、电影、连环画等各种不同的叙事媒介呈现,在不同的媒介中,叙事都是成立的。很多电影都是从小说转化而来的,小说转化为舞台剧的叙事作品也不在少数。侦探小说女王阿加莎·克里斯蒂(Agatha Christie)的系列小说由于喜欢采用密室推理法,很适合用话剧舞台上有限的空间来表现。其中,《捕鼠器》(*The Mousetrap*)自 1952 年 11 月 25 日在大使剧院(Ambassadors Theater)首演,时至今日,已上演超过了 2 万场,保持了伦敦戏剧公演时间最长的纪录。《东方快车谋杀案》(*Murder on the Orient Express*)和《尼罗河谋杀案》(*Death on the Nile*)多次被改编成电影。《无人生还》(*And Then There Were None*)则既有影视作品改编,也有舞台剧上演。既然小说和电影两种叙事媒介可以顺利地转换,那么小说和电影,或者其他叙事媒介可以转化为叙事展览吗?在小说或者电影这样的媒介中成立的叙事,在展览中是否同样成立?不同的叙事媒介本身的边界是相同的吗?

在电影发展的历程中,渗透着其他叙事媒介的外部符号。影片实际上是由"众多代码建构的网络"组成的。这些代码中有的是电影特有的(只在电影中使用的),可以称为电影的特殊代码,还有一些不是电影特有的(可以在别处使用的),则称为非特殊代码。[②]

在默片电影的时期,电影的特殊代码只有二维的动态画面。而字幕、分段(集)、有声旁白加入到电影中,可以认为是小说叙事对于电影叙事的渗透。字幕是一种言语符号,分段则是小说中的分章概念,旁白是一种言语表达。

如今,电影的特殊代码主要包括摄影机的运动、景别变化、画面剪辑、画

---

① 皮亚杰.结构主义[M].倪连生,王琳,译.北京:商务印书馆,2006:6-10.

② 瓦努瓦.书面叙事·电影叙事[M].王文融,译.北京:北京大学出版社,2012:35.

外空间的利用。[①] 远景、近景、特写和影像的交替蒙太奇，都是观众非常熟悉的电影语言，都属于电影特殊代码的具体表现。电影叙事的特殊之处就在于不停地利用画内和画外空间既是一种可能，也是一种束缚。今天的电影对外部的非特殊代码依赖程度非常高，尤其在成熟的好莱坞电影系统中，很多非特殊代码已经成为对一部影片进行意义解读的重要因素。

由于特殊代码的区别，从小说叙事转化为电影叙事的过程中，故事虽然还是同样的故事，但话语已经完全不同了。让我们检视一下"哈利·波特"系列小说转换为电影之后有什么变化。

当"哈利·波特"还是以小说叙事的时候，其信息的传达是通过文字实现的，在没有插画辅助的情况下，巫师世界设定、人物形象、空间设定都只存在于读者阅读时的想象中。而电影把小说中的故事空间、人物都视觉化了，并且配上了声音和音乐。在这个视觉化的过程中，小说的故事空间被固化下来。像魔法施咒这些小说中的设定，原本在不同读者的想象中可能存在着巨大的差异，而现在通过电影，阿瓦达索命咒的咒语发音、施咒动作、咒语效果成为一种定式。视觉化的过程可以说是以电影的媒介展示了导演对于小说设定的理解。"哈利·波特"系列小说每部的故事时间长度都是1年，每一部的章数有所不同，第一部《哈利·波特与魔法石》有17章，而第七部《哈利·波特与死亡圣器》则有37章。系列电影并没有用章分割，前6部影片长度基本都在150分钟左右。受限于影片时长，即便第七部的电影分成上、下两部分，共276分钟，也不可能完全再现小说中的所有细节。总体而言，"哈利·波特"系列电影忠实地还原了系列小说中的故事，从读者到观众，不会认为自己看到的是两个故事。

但如果把"哈利·波特"转化成一个叙事展览呢？"哈利·波特"主题展（"Harry Potter：The Exhibition"）曾在西雅图、埃德蒙顿、芝加哥、纽约、波士顿、多伦多、马德里、科隆、北雪平、乌得勒支、上海、东京、新加坡、悉尼、巴黎、布鲁塞尔、米兰巡展。[②] 因为得到了电影制片公司华纳兄弟的支持，观众可以看到系列电影的场景布置、电影道具、戏服与魔法生物等。展览分为分院帽

① 瓦努瓦.书面叙事·电影叙事[M].王文融，译.北京：北京大学出版社，2012：37.

② 参见巡展网站：http://www.harrypotterexhibition.com/。

大厅、预演、格兰芬多休息室、魔法教室、魁地奇、海格的小屋、禁林、黑暗部队、大厅9个主题展室。展览也播放了系列电影的片段剪辑,可以认为这是通过电影场景和道具来展现魔法世界设定的主题巡展。小说中跨度为7年(不包括回溯追忆的故事时间)的故事内容并不是展览的传播目的。2017年,为了庆祝《哈利·波特与魔法石》出版20周年,大英图书馆携手布鲁姆斯伯里出版社(Bloomsbury)举办了为期4个月的"哈利·波特:魔法史展览"("Harry Potter:A History of Magic Exhibition")。除了展出作者J. K. 罗琳(J. K. Rowling)的手稿、插画家吉姆·凯(Jim Kay)的素描等展品,大英图书馆还甄选了其馆藏的珍稀善本、手稿和魔法物品来展现哈利·波特故事中的传统民俗和魔法元素。这些展品都为罗琳能够搭建起哈利·波特的魔法世界提供了灵感和原型。以上两个展览,前者是一个道具与设定展,后者则更像是一个文化现象展,其主题和内容都不是围绕着故事内容,展览结构也不是以叙事展览的方式。

设想一下,如果哈利·波特的故事要转化为一个叙事展览,让没有看过小说或电影的人完全接收到原著小说中那些时空变化、人物设定、情节推进,这简直是不可能完成的任务。如果这样形态的展览是成立的,展览的规模将不可想象。

在转换的过程中,故事的讲述方式也会发生明显的转变。小说叙事转化为电影叙事虽然已经是一个相对成熟的产业,但转化的过程仍然是充满挑战的,尤其是当小说本身的叙述方式挑战了经典叙事的时候,电影未必可以呈现小说的原貌。甚至有一些小说的叙事结构是电影无法直接呈现的,或者被称为不可改编的小说。《云图》(*Cloud Atlas*)就是一个很好的例子。该影片公映之后,观众不可避免地去比较两种叙事媒介,看电影是否高度还原了原著中精致漂亮的对称叙事结构和内省的文学气质。要求电影完全还原小说文本当然是一个非常苛刻的要求,《云图》的原著小说和沃卓斯基姐弟(The Wachowskis)[①]两者的叙事结构有着很大的不同,但影片为观众提供了小说无法呈现的电影奇观。

---

① 沃卓斯基姐弟原为沃卓斯基兄弟(Wachowski Brothers),是著名的美国导演组合,在拍摄《云图》时,其中一人已经从男性变性为女性。

《云图》小说包含 6 个故事。故事 1 为《亚当·尤因的太平洋日记》;故事 2 为《西德海姆的来信》;故事 3 为《半衰期:路易莎·雷的第一个谜》;故事 4 为《蒂莫西·卡文迪什的苦难经历》;故事 5 为《星美-451 的记录仪》;故事 6《思路刹路口及之后所有》。在小说中,6 个故事按照 1—2—3—4—5—6—5—4—3—2—1 的顺序排列,除了第六个故事是完整叙述之外,其他 5 个故事都以镜像对称的方式分列在第六个故事前后。6 个故事相互独立,时空跨度很大,第一个故事发生在 1850 年,第六个故事已经是未来人类衰落后的第 106 个冬天,故事发生的地点也完全不同。[①] 在小说中,6 个故事的叙事体裁也完全不同,故事 1 是日记体,故事 2 是书信体,故事 3 是悬疑小说,故事 4 是自传,故事 5 是案件审讯记录,故事 6 是口述史。6 个故事的连接非常薄弱,仅通过不同的物品和星芒胎记两条线索串联。律师的航海日记写成了小说被音乐家读到;音乐家和情人传递的书信被女记者看到;女记者的故事又被出版商出版;出版商的故事被拍成电影,被克隆人看到;克隆人被末世时期的原住民奉若神明,并且沿着她所创造的道路一直前行。[②] 在电影中,导演让 14 个演员演了 65 个角色,不同故事中的不同角色由相同的演员来饰演,在小说的基础上增加了人物轮回的概念,而每个故事当中都有一个角色身上的不同部位有星芒胎记。如果说小说《云图》的镜像对称结构,加上每一个故事相近的篇幅,以及在前半本书交代背景并以一个悬念作为暂停,后半本书进行解密,以形成一个大轮回的概念,那么电影《云图》彻底抛弃了这种结构,采用 6 个故事交织在一起的平行叙事结构。平行的结构让故事形成了相对小说来说更小的轮回。不论是电影还是小说,其实所有故事之间的连接都很薄弱,甚至可以说前一个故事并不影响后一个故事的推进。虽然说 6 个故事都共享了追求自由的精神内核,但如果单独来看这 6 个故事,会觉得它们都是非常简单甚至可以说是平庸的故事。正是独特的讲述方式,让它们散发出迷人的气质。在电影中,6 个故事互相之间镜头切换、循环的节奏和频率,随着电影剧情的推进不断地加速,最后在电影结尾的快速的混剪中,配合《云图六重奏》的音乐,让电影呈现出交响乐一般的气质,这是小说很难实现的传播效果。

---

① 米切尔. 云图[M]. 杨春雷,译. 上海:上海文艺出版社,2010.

② 郑雨.《云图》的叙事策略与多元文化[J]. 电影文学,2015(19):131-133.

从小说《云图》到电影《云图》,在叙事媒介之间进行转换时,故事虽然没有发生变化,但故事的叙述结构与方法却完全不同。每种叙事媒介都具有独立的结构特性,故事在进行媒介转换的时候,其叙事结构和方式也会随之发生改变。即便在文学电影中成立的叙事,也未必可以转换为叙事展览。

叙事的媒介转换,并不意味着任何一个故事都可以在不同的叙事媒介之间自由转换。由于每一种媒介都有自己独特的叙事结构,在转换的过程中,讲述的顺序、方法、详细程度会有所区别。当然,叙事的媒介转换失败的情况也可能会出现。

(三)作为展览结构的故事

当博物馆人希望展览达到教育目的的时候,叙事是一个非常有力的工具。这个工具不仅局限于在展览的局部加入故事,让观众更好地理解展品,还可以利用叙事本身来架构整个展览,用展览来讲一个故事。这个故事当然可以包含众多的叙事元素,然而当展览形成一个完整叙事时,这些叙事元素,或者说这些展览中出现的小故事,都必须具备一致性,以服从于整个叙事的架构,这样的展览才可以称为叙事展览。

1993 年美国大屠杀纪念馆(United States Holocaust Memorial Museum)的开放,创造了叙事展览的新纪元。开馆策展人约舒华·温伯格(Jeshajahu Weinberg)在纪念馆开馆之后发表了一篇文章,《一个叙事历史博物馆》(“A Narrative History Museum”),来描述这一历时数十年的建馆工程。①

当美国大屠杀纪念馆作为叙事展览开创性的作品出现之后,叙事展览并没有马上在博物馆界流行开来。事实上,当时对于要不要在展览中使用时间轴在博物馆界引发了巨大的争议。② 策展人认为时间顺序的展览已经从一种先锋变成了老掉牙的传统,力图用别出心裁的方式来架构展览。2002 年,美国国家历史博物馆组织了一个蓝带协会来对其展览进行评估,最终蓝带协会给出的报告认为:“观众往往期待历史博物馆中有一个明确的时间顺序结构。”协会的委员们敦促博物馆需要创造一个新的展览介绍,并且其原则和最

---

① Jeshajahu Weinberg. A Narrative History Museum[J]. Curator: The Museum Journal, 1994(4):231-239.

② Steven Lubar. Timelines in Exhibitions[J]. Curator: The Museum Journal, 2013(2):169-188.

重要的组织概念应该是时间顺序的，覆盖整个美国历史。[①] 这个报告并不会终结博物馆人对于时间顺序适不适合用来组织展览的争议，今天的展览有各种各样的组织方式，用时间顺序组织的展览并不一定就是叙事展览。时间轴只是构成叙事展览的一个充分条件，而叙事展览中的时间轴也未必是单向线性的。和其他叙事作品一样，叙事展览的时间轴充满了各种变化的可能性。当这种可能性与展览教育目的相结合时，就构成了叙事展览的必要性。当代博物馆展览的叙事转向，其实才刚刚开始。

（四）故事大爆炸

现代博物馆的展览从诞生起就伴随着分类的概念，而博物馆真正与叙事相遇却是300多年以后的事了。斯瑞尼瓦桑认为博物馆讲故事的重要性在于通过“讲故事”这一形式，让实体与虚拟世界、个人的亲身经历与网络实现了联结。斯瑞尼瓦桑在大都会艺术博物馆“讲故事”，他的目标是向10亿多观众讲述关于博物馆100多万件藏品的100多万个故事。[②]

斯瑞尼瓦桑所指的是讲述藏品背后的故事，这可能是当博物馆“遭遇”叙事时的第一反应，也是博物馆对于叙事这一工具最浅层次的利用。博物馆“以物为中心”的传统，曾经让博物馆在展览中忘记了为观众阐释展品的责任。那些脱离了原有语境的展品被放置在展柜中，缺乏专业训练的普通观众只能看到展品的物质外壳，而展品背后的故事被隐藏在物质外壳之中，被隔绝在玻璃展柜之后。甚至连最简单的展品说明，也可能被一部分策展人认为是破坏展品审美纯洁性的因素。当这些展品仅仅作为审美对象被欣赏时，这些博物馆从某种意义上来说都是美术馆。当大都会艺术博物馆都开始意识到展品背后故事的重要性时，其他类型的博物馆还可以仅仅是简单地将展品作为审美对象来陈列吗？

斯瑞尼瓦桑的观点并不是什么突发奇想。2013年美国博物馆联盟（American Alliance of Museums）年会的主题就是“故事的力量”（power of story）。张婉真

---

① NMAH. Blue Ribbon Commission Report[EB/OL]. [2018-10-01]. http://americanhistory.si.edu/reports/brc/index.htm.

② Interview with Sree Sreenivasan，Chief Digital Officer，Metropolitan Museum of Art[EB/OL]. CXOTalk (2014-12-10) [2018-10-01]. https://www.cxotalk.com/episode/sree-sreenivasan-chief-digital-officer-metropolitan-museum-art.

把博物馆界这种拥抱故事讲述的态度称为当代博物馆展览的叙事转向。[①] 博物馆展览当然不是唯一对故事讲述或者说叙事产生兴趣的领域。从2000年开始,讲故事的概念在历史学、政治学、传播学、社会学、心理学等领域更为广泛地出现。叙事不再只是文学创作的手段或文艺批评的方法,而是全面进入人们社会生活的各个领域。本能论和认知论分别对这股热潮做出了解释。前者认为人们对叙事的热情是人类的一种本能。我们小时候的教育,往往是从听故事开始的。家长在孩子睡前,常常会讲故事来让他们入眠。从孩子们大多爱听故事的事实可以了解,人类对叙事有天生的亲近感,故事讲述可以清晰地传达信息。更为关键的是,信息的接收者,是以一种轻松的方式接收这类信息的。而认知论则认为叙事有引导人们学习的潜力,就像布鲁纳所说的,人类运用两种思考方式认识世界:逻辑与叙事。

20世纪80年代开始出现的叙事学回归,已向各个学科延伸,这股热潮被称为"叙事转向"。就像巴特在《叙事作品结构分析导论》中所预言的,叙事学从来没有被限定在文学或电影的领域。虽然博物馆展览的叙事转向等到2000年之后才出现,但是博物馆中出现叙事特征却要早得多,其最显著的特征即是用时间顺序来安排展览。从叙事学的角度来说,任何一个叙事的构成都必然有时间轴的元素。然而,早期博物馆运用时间顺序来组织展览并不意味着叙事已经在博物馆中诞生。

三、故事的故事

很遗憾的是,这本关于展览故事的书到最后也没有变成一个有趣的故事。同时,还因为故事是一个过于日常的词,本书不得不在正式开始讨论叙事展览之前,对核心的概念做一些必要的界定。

叙事和故事,简单来说,可以认为叙事就是故事的学术化表达,而故事,就是我们小时候所听到的以"很久很久以前"作为开头的那一类带有情节发展的文体。小说、电影、电视剧、戏剧、游戏、漫画都可以讲故事。非故事的文本则包括指散文、论文、说明书、诗歌等。当然,一些史诗、叙事诗也具有

---

① 张婉真.当代博物馆展览的叙事转向[M].台北:远流出版公司,2014:223-227.

讲故事的能力，但关于文体的分类不是本书的研究任务。叙事和故事并不能作为同一个概念的学术和日常表达等同对待。按照结构主义的观点，叙事可以分为故事和话语两个要素。每一个叙事都分成两个组成部分：一是故事(story)，即内容或事件的链条，外加所谓实存(人物、背景设定)；二是话语(discourse)，也就是内容进行表达和传播的方式。[①]

不同的学者对于叙事有着不同的定义。波特·阿波特(Porter Abbott)认为，简单来说，叙事是一个或一系列事件(event)的再现(representation)。[②]不同的叙事学家对事件的数量有着不同的要求。例如巴特就认为至少要有一前一后两个事件。[③] 巴尔的要求则更高一些，她认为两个事件之间必须是有因果联系的。[④] 杰拉德·普林斯(Gerald Prince)在他的《叙事学字典》(*A Dictionary of Narratology*)中，认为叙事本质上是一种动词的表达方式，涉及语言复述或事件讲述。[⑤] 从以上几个定义中，可以看到构成叙事的基本要素都离不开事件和对事件的表述。尽管对事件数量和事件之间的关系有着不同的要求，但可以认为事件和讲述，即前面提到的故事和话语，是构成叙事最基本的基石。这是获得了学者的广泛认可的。

但对于叙事成立的要素，叙事学家们的观点就有比较大的分歧。瑞蒙-凯南(Rimmom-Kenan)认为叙事的最低要求是满足两个条件：存在着双重时间性(double temporality)和一个叙事主体(narrative agency)。瑞蒙-凯南的限定条件里提到了双重时间，即所有叙事都具备的故事时间和话语时间，但叙事主体则显得意味模糊。相比之下，让-米歇尔·亚当(Jean-Michel Adam)所提出的叙事成立的6个要素则详细得多：①持续发生的事件；②主题上的统一；③经历转变的谓语；④过程里行动的完整；⑤情节的构造应该建立于因果关系；⑥一个(内隐或外显的)最终的评价。[⑥] 在电影叙事领域颇有造诣的克里斯汀·麦

---

① Seymour Chatman. Story and Discourse: Narrative Structure in Fiction and Film[M]. New York: Cornell University Press, 1980: 19.

② H. Porter Abbott. The Cambridge Introduction to Narrative[M]. Cambridge: Cambridge University Press, 2008: 13.

③ Roland Barthes, Lionel Duisit. An Introduction to the Structural Analysis of Narrative[J]. New Literary History, 1975(2): 237-272.

④ 巴尔. 叙述学[M]. 谭君强，译. 北京. 中国社会科学出版社. 2003: 3-4.

⑤ Gerald Prince. A Dictionary of Narratology[M]. Lincoln: University of Nebraska Press, 2003: 58.

⑥ Jean-Michel Adam. Les Textes: Types et Prototypes: Récit, Description, Argumentation, Explication et Dialogue[M]. Malakoff: Armand Colin, 2011: 102.

茨(Christian Metz)则提出了5个辨识叙事的标准:①一个叙事有一个开头和结尾;②叙事是一个双重的时间段落;③任何叙述都是一种话语;④叙事的感知使被讲述的事件非现实化;⑤一个叙事是一系列事件的整体。[①] 比较这三个不同的标准,可以找出一些相近的要素。虽然不同的叙事媒介对叙事成立的标准有着不同的考虑,但麦茨提出的5个辨识叙事的标准对于判断展览中叙事的成立更具操作性。

当我们谈及展览中的叙事,事实上有三种情况:第一种情况是用故事指代展览框架或内容;第二种情况是展览中的叙事,即用展品来讲故事;第三种是指将叙事作为展览的建构方式,即用故事来驱动展览。

在第一种情况中,故事指代展览的框架或内容,其和叙事的联系非常松散。虽然对叙事这一概念的界定并没有统一的标准,但是不同领域对叙事的定义都有一些基本的要素:时间轴、连续发生的事件、主题的统一、因果关系。但当把叙事理解为一个日常概念,或者口头表述的故事时,其语义的边界比其在叙事学的范围中要大得多。除了符合叙事定义的故事,故事还经常用来指代内容或对象。在一些展览中可以看到类似如下的表述:水的故事、湿地的故事、森林的故事。这里的水或者湿地,在展览构架的时候并不一定具备形成叙事学概念下叙事的基本要素——时间,这些展览本质上是从不同的角度对展览对象进行"描述"而非"叙述"。但是这样的展览方式依旧被冠以故事的名称,这其实是对叙事概念的一种误用,并不是本书所讨论的叙事和展览的关系。

在进一步讨论之前,还需要厘清故事讲述(storytelling)和叙事(narrative)之间的关系。对于学者来说,叙事是一门学科,一种文艺理论。而对于普通公众来说,叙事的外化形式即为故事的讲述。而"故事讲述"这个短语,从结构主义的角度来看已经包含了故事(story)和讲述(discourse)这两个构成叙事最基本的要素。

所以第二种情况,展览中的叙事包含了两种方式:第一种是利用单个或一组展品,通过情态化的方式来生成叙事。这里的叙事相对不显性,是需要观众自己理解的一种间接性故事。观众在行走的过程中,把时间顺序转换为空间位置的变换,以此来理解故事中事件的关系。第二种则更为直接,针

---

① 张婉真.当代博物馆展览的叙事转向[M].台北:远流出版公司,2014:26-33.

对单个或一组展品，通过展览标签、图版、音频、视频、导览器、讲解员等来讲述关于展品的故事。这种方式更为常见，也更容易被观众理解，是一种借用了其他叙事媒介来对展品进行阐述的陈列方式。[①] 这种用展品来讲述故事的手段，在展览的总体上仍不能构成一个叙事，但让展览具备了一定的叙事性。张婉真把这种情况称为展览拥有了叙事元素。[②] 事实上，很多展品在稍加说明之后就具备了叙事的基本特征，这是很多博物馆在引入叙事概念之后很容易完成的改造——为展品加上故事。可以将这类展览中出现的叙事称为展览叙事，这种叙事可以由一件展品配合说明文字构成，也可以是一幅具备情节的绘画、一段纪录片或一组“意义自现”的展品。

第三种情况，即将叙事作为展览的建构方式，是展览叙事的一种特殊形态。叙事展览是以时间线进行最顶层的组织架构，展示内容具有明确的一致性，并形成一定的故事逻辑的展览形态。从叙事学的角度来看，叙事展览也是一种叙事媒介，一种讲故事的方式。每一种叙事媒介都有自己独特的性格，呈现给受述者（观众或读者）不同的体验。实体空间是叙事展览在形态与小说和电影这样的经典叙事媒介最大的区别。不仅实物展品和非实物展品的表达都占据了物理空间，展览更是包括了展览内容和展示地点的空间整体。叙事展览的空间特性导致了观众在叙事空间内部接受信息，且接受信息是在自由地“站立与行走”交替的过程中完成的。这种高度自主的信息接收方式为展览的故事讲述带来了极大的挑战，但也让叙事展览能够包容几乎所有的叙事媒介，成为一个沉浸式的复合叙事环境。在叙事展览内部，实物展品和非实物展品通过最底层的嵌套形成了意义集群，意义集群再通过顶层嵌套形成了展览的意义集群。叙事展览要求顶层的嵌套原则必须以时间轴为架构工具，而意义集群通过阐释和再现两种话语实现信息的基础传播。由于展品和展品、事件和事件之间不可避免会发生断裂，叙事展览多层次嵌套的意义集群以一种非连续的模型传播，事件的逻辑关联较为薄弱。从叙事-交流情境的层面来看，叙事展览的参观不是一个单向传播信息的过程，而是展览内部的叙述者可以直接跃层向观众展开讲述，且观众可以与策

---

① 许捷．空间形态下叙事展览的构建[J]．博物院，2017(3)：41-48.

② 张婉真．当代博物馆展览的叙事转向[M]．台北：远流出版公司，2014：98.

展人直接对话形成反馈的机制。

从观众的角度来看,参观一个叙事展览,就相当于看了一个故事。这里的故事有一个很重要的特征,就是由时间线索来构成展览的顶层框架,而不是用主题分类的方式。当然,用时间线架构展览并不意味着展览只能以单向线性的方式展开,叙事展览中的时间线存在着各种不同的形态。

回到博物馆展览,2019 年在东京召开的国际博物馆协会(International Council of Museum,ICOM,以下简称国际博协)大会并没有就新的博物馆定义达成一致。新定义草案的第一句就指出博物馆具有民主性、包容性与多元性,第二句的开头就要求博物馆承认并应对当前的冲突和挑战,这彻底推翻了从 1946 年到 2007 年的数次博物馆定义修订范式。有学者评价这个新定义颇具网红风格,国际博协在新定义的起草中给博物馆贴上了太多的标签,并期望博物馆作为一个机构能够实现一个宏大的理想化愿景,却没有明确博物馆的本质是什么。新定义提案所引起的巨大争议和流产似乎在意料之中,也在很大程度上反映了博物馆界对于博物馆的核心使命和本质无法达成共识。

相比之下,展览的概念似乎要稳定得多。在《博物馆学关键概念》一书中,“展览”一词可指展示博物馆物的结果,也可以指展示内容与展示地点的整体。本书主要取后者。需要特别说明的是,展示地点并不限定在以非营利常设机构为特征的博物馆中,而是包含了在博物馆场所之外所举办的商业性展览。博物馆展览和商业性展览在展览目的上可能有较大的差异,但其对于叙事作为一种方法的使用是共通的。本书并不打算就在线展览做过多讨论。新冠肺炎疫情在全球的流行,意外地推动了博物馆的线上展览。然而,目前井喷出现的线上展览大部分只是将线下展览转化成数字化影像后在互联网上发布,不论是展览内容的呈现形式还是交互方式,都没有适配互联网终端的形态。目前的线上展览仍在相当初级的发展阶段。

本书对于展览叙事的讨论分成两个部分。第二章和第三章主要讨论了叙事是如何发展为一种展览模式,叙事展览的内在结构是怎样的。第四章和第五章则跳出了叙事展览的范围,在博物馆的视域下来观察展览叙事如何建构,以及展览叙事对于博物馆学的意义。

从珍奇柜的时代开始,展览就不是单纯地为了展示收藏家们的奇珍异宝,而是当时的人们对于世界认识的反映。人们对于展品分类和陈列的方式体现了他们对知识秩序的追求。用展览讲故事的想法，在时间线与展览的纠葛中萌发。博物馆在人文社会学科的叙事转向浪潮中开始拥抱故事，第三章讨论了叙事展览的构成要素、观察层次以及各要素在传播时的功能。然而在一个结构主义已经式微的时代，分析叙事展览的结构是否还有意义？或者说，今天的我们要如何理解展览的结构这一概念？

我们之所以能感受叙事作品的魅力，很大程度上是因为其虚构性。尽管传统上我们认为真实性是博物馆合法性的基石，但不可否认展览的故事依旧是被建构的。在建构的过程中，展品被重新界定，时间线转化为故事线，展厅空间成为一个叙事媒介。展览的故事属于谁？哪些故事可以被讲述？谁来讲述这些故事？故事将怎样被讲述？观众为什么会在展览中因为陌生人的故事而感动？展览故事的生产模式带来了众多的问题。既然人是悬挂在自我编织的意义之网上的动物，那么展览故事建构本质上正是编织出一张意义之网的过程。

在后真相时代，人们的注意力被日常碎片化的信息割裂得支离破碎。我们既是故事的讲述者，也是听故事的人。在混沌的事件之海中，这个世界希望用博物馆保存下何种文化记忆？故事，有可能带给我们新的力量吗？

/ 第二章 /

博物馆的叙事转向

一、博物馆的前故事时代

(一)追求知识的秩序

当16世纪的收藏家将鳄鱼挂到天花板,向宾客炫耀着自己从世界各地搜集的“奇珍异宝”时,现代博物馆的概念还没有形成。对于这些收藏家来说,这些摆满整个屋子的物品,更像是战利品。伴随着大航海时期冒险家们对“新世界的探索”,珍奇柜发展到了顶峰,这是收藏家们认识世界的镜像,也是他们控制世界的一种象征。① 在图2-1这份我们能够找到的早期的关于珍奇柜的图像资料中,天花板上悬挂着巨大的爬行动物,和各种海洋生物混杂在

图2-1　早期的珍奇柜图像

① Francesaco Fiorani. Reviewing Bredecamp[J]. Renaissance Quarterly, 1998, Spring: 268-270.

一起,水生动物徜徉在鸟类的上方,巨大的书架则矗立在一旁。这看似荒诞不经的陈列方式一直延续到17世纪最为著名的珍奇柜收藏家之一欧尔·沃姆(Ole Worm)的收藏图景中。然而在珍奇柜在视觉上所呈现的无逻辑背后,相关的出版物却表明了收藏家们对于秩序的追求事实上由来已久。沃姆1655年出版的收藏目录*Musei Wormiani Historia*的卷首插画画的就是珍奇柜。画面中的鱼类、爬行类、鸟类与皮划艇一起挂在天花板上,武器一类的陈列在画面中心的墙面上,下面的三层架子上分别放置了木制品、动物、贝类。徐纯认为这是一种根据大小、形状以及自然、人为的对比分类法,展示的是物件与人类思考之间的关系。先划分出物件是自然的或是人为的不同性质,然后各自依形状或用途分组。[①] 收藏世界是不是像徐纯认为的那样走出了中世纪的个人偏好,进入了人类理性科学初期的分类步调,仅从针对这幅图像的分析上还做不出准确的判断,但分类的思想和实践早在沃姆的收藏手册前就已经出现了。随着收藏家们收藏范围的扩大,开始有专门的学者整合收藏者的目录形成分类法。最早的一本是1565年由萨缪尔·魁奇伯格(Samuel Quiccheberg)所著,他将其收藏分为五类:绘画与圣物、无机物、有机物(包括水、陆、空三种)、艺术品与开创者的荣光纪念品。[②]

早期自然历史藏品的展示反映了收藏家的个人兴趣爱好,同时也反映了收藏活动日益"科学化"的趋势——更加关注藏品的鉴别和分类。[③] 17世纪最具影响力的收藏目录是皮埃尔·博雷尔(Pierre Borel)在1645年及1649年出版的关于自己的藏品的描述。博雷尔把自己的博物馆看成一个小宇宙。他用不同的房间来展示藏品,将有关人类的奇物放在前面,然后是四足动物、飞禽、鱼类、贝类、其他水中生物、昆虫与蛇类、植物、羽毛、花、树胶与奇怪的液体、矿石、化石、工艺品。在他的观念中,这些藏品分成三大类,就是上帝创造的一切、自然物与人为创作。[④] 博雷尔的目录开启了博物馆的科学革命之门:以分析、关联、相似等细节观察的方法,将这些奇异的事物做分类、诠释,由实

---

① 徐纯.文化载具:博物馆的演进脚步[M].台北:台湾博物馆学会,2008:71-72.

② Susan M. Pearce. Museums, Objects and Collections: A Cultural Study[M]. Leicester: Leicester University Press,1992:95.

③ Edward Porter Alexander, Mary Alexander. Museums in Motion: An Introduction to the History and Functions of Museums[M]. Lanham:Rowman Altamira,2008:56.

④ Pomian,Krzysztof. Collectors and Curiosities:Paris and Venice 1500—1800[M]. Cambridge, U. K.:Polity Press;Cambridge,USA:Basil Blackwell,1990:45-50.

体物质进入概念，找出不同分类的原则。博雷尔所依据的哲学观点是：如果自然在时空上有一个统一的原则，它必然是易见于常态的事物；自然界如果没有法则，常态事物只是自生自灭，无所谓原则地生息着，这些珍奇异物却反而可以反映自然现象。这种概念推至历史文物，博雷尔对历史特殊事件与人物的看法亦如此，因此人像按年代排列是最合乎这种逻辑的。①

博雷尔的分类法则在今天看来，充满了从前科学时代即将跨入科学时代的人们对自然依旧非常质朴的观察。奇异（curiosity）才是收藏的价值标准，但他对人像的排列又与之后发展起来的年表学不谋而合。尽管这只是先后顺序和对时间认识的巧合，但不管怎么说，珍奇柜作为现代博物馆的滥觞在其诞生时已经伴随着分类的意识，分类的法则随着人们对世界认识的加深也不断调整。1656 年，小特雷德斯坎特（younger Tradescant）出版了《特雷德斯坎特博物馆》（*Musaeum Tradescantiurn*），这是针对其馆藏珍品进行分类的一个目录，包括鸟类、动物、鱼类、昆虫、矿物和宝石、水果、雕刻品、手工艺品和绘画、武器、服装、生活用具、硬币和纪念章、精美的珍奇植物、灌木和树木。②很难判断这个被称为“雷德斯坎特方舟”的私宅是不是在展览中也已经对展品进行了分类，但当藏品的种类丰富起来，分类似乎是一个必然的选择，而分类的依据多少反映了展览组织的思路。

对于藏品的分类和布展，收藏家们花费了大量的心思，而博物馆的藏品陈列布置，也逐渐接受这种分类法的指导。卡斯帕·尼克利（Caspar Neickel）的著作《博物馆实务》（*Museographia*）于 1727 年在德国莱比锡印刷出版。在书中，他建议储藏室里放六个架子，一堵墙上的架子中间放置自然生物藏品，架子上方安放人类解剖学的藏品，架子下方搁置四组动物、鱼类和矿物质。另一堵墙上的架子用来储藏人工制造的物件，并按照制造年代的先后分类放置。房门所对的尽头一侧有三扇窗户，光线充足，这里放置着钱币的储藏柜。柜子上方挂满了名人肖像。③

从珍奇柜里发展起来的藏品分类法可能还推动了博物学的诞生。18 世纪

---

① 徐纯. 文化载具：博物馆的演进脚步[M]. 台北：台湾博物馆学会，2008：74.

② Edward Porter Alexander, Mary Alexander. Museums in Motion: An Introduction to the History and Functions of Museums[M]. Lanham: Rowman Altamira, 2008: 57.

③ Edward Porter Alexander, Mary Alexander. Museums in Motion: An Introduction to the History and Functions of Museums[M]. Lanham: Rowman Altamira, 2008: 55-56.

80 年代,在欧洲各地向游客开放的博物馆里,异域物种俘获了公众的注意力,为博物学的扩张提供了最肥沃的土壤。[①] 而由卡尔·林奈(Carl Linnaeus)创立的现代生物学命名法则,奠定了现代生物分类学的基础,反过来也影响了自然史博物馆的陈列。这种影响一直持续到今天,物种依旧是很多自然博物馆陈列分类的基础。

相对于博物馆里生物分类系统的发展,时间线概念的出现则要晚得多。虽然早期的人类史诗和经典例如《伊利亚特》《奥德赛》《旧约》就采用了按时间顺序讲述的方法。然而,年代学(chronology)却是一个现代发明。米歇尔·福柯(Michel Foucault)曾说过:"在 18 世纪的概念中,时间顺序仅仅是一种属性,或者一种模糊的事物顺序的表达;在 19 世纪,其显得有一些新潮……是一种骄傲的物与人的历史模型。"[②]丹尼尔·罗森伯格(Daniel Rosenberg)和安东尼·格拉夫顿(Anthony Grafton)是《时间图谱:历史年表的历史》(*Cartographies of Time*: *A History of the Timeline*)一书的作者,他们注意到,时间线是建立在历史是线性的这一现代认识基础上的,并且是一种更现代的线性历史的表达方式。[③] 通过检视这段历史,我们可以了解时间线是如何成为展览当中最为广泛的工具的。

法国佛朗索博物馆(Le Musée des Monuments Français)于 1795 年开放,1816 年关闭,是法国第一个国家纪念馆。其宣称自己展示的是国家历史和艺术史。在 18 世纪晚期,通过历史来了解艺术或通过艺术来了解历史还没有形成统一的认识论。亚历山大·勒努瓦(Alexandre Lenoir)创办法国佛朗索博物馆是希望通过对雕塑、纪念物、建筑部件的重新组合陈列来重述法国的国家历史。为了实现这一目标,勒努瓦利用博物馆的展厅(hall)、小展室(chapel)和庭院展示了从 13 世纪到法兰西共和国建立的历史,每一个空间都专注于一个世纪的藏品。[④] 法国佛朗索博物馆是最早在欧洲按照时间顺序来

---

① 法伯.探寻自然的秩序:从林奈到 E. O. 威尔逊的博物学传统[M].杨莎,译.北京:商务印书馆,2017:25.

② Michel Foucault. The Order of Things: An Archaeology of the Human Sciences[M]. London: Psychology Press,2002:301.

③ Daniel Rosenberg, Anthony Grafton. Cartographies of Time: A History of the Timeline[M]. Princeton: Princeton Architectural Press,2013:96.

④ Jennifer Carter. Narrative and Imagination Remaking National History at the Musée des Monuments Français Paris[M]// Simon J. Knell, National Museums: New Studies from Around the World. London; New York: Routledge,2011:88-104.

陈列艺术的博物馆(见图 2-2),它突破了巴洛克的装置陈列典范(见图 2-3),改变了空间的结构和理想化的展品构想。

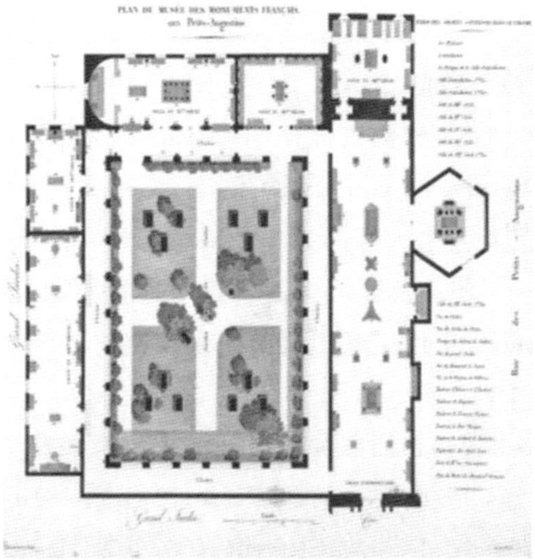

图 2-2　法国佛朗索博物馆的平面图

图 2-3　法国佛朗索博物馆内的陈列

作为第一个允许观众在历史中穿梭的博物馆,法国佛朗索博物馆在当时非常受公众的欢迎,并且引领了其他装饰艺术博物馆的展览组织思路。克鲁尼博物馆(Musée de Cluny)就采用了时代屋(period room)的方式,让时光冻结在特定的空间中。之后的罗浮宫(Musée du Louvre)在艺术展览中也开始采用时序的方式来组织展览。[①]

19 世纪 50 年代,大英博物馆(British Museum)根据一种"艺术史谱系中修辞的综合性"(rhetoric of comprehensiveness in a genealogical history of art)来组织展览。其对艺术大师的兴趣比对艺术本身更大,根据艺术家本人的年谱,并结合其学术理论及影响力的轨迹来进行布展,因此用比较少的大师作品就可以填满整个年代谱系。这个布展策略对装饰艺术和实用艺术也同样适用。[②]

19 世纪的历史类博物馆还很少用时间线来组织展览[③],其中的一个原因可能是人们对历史还没形成统一的认识。1816 年到 1819 年,丹麦国家博物馆(National Museum of Denmark)的馆长克里斯汀·汤姆森(Christian Thomsen)面对杂乱无章的博物馆藏品,依照工具材料的变化,将其分成石器时代、青铜时代和铁器时代,并依此将展品分成三组陈列。[④] 汤姆森的分类依据来源于威德尔·西蒙森(Vedel Simonsen)于 1813 年发表的史前史三代理论。他写道:"斯堪的纳维亚的早期人类使用的武器与工具是使用木头和石头制作的,之后用红铜,然后用铁与铜。"[⑤]这种理论并不能判断绝对时间,因为不同文明使用不同材质的工具的时间点是不同的。即便对于同一个文明,多种材质的工具也可能共存于同一个时期。然而对于博物馆展览的发展来说,这种对展品认识的变化,直接影响了展览的组织方式。按照石器时代、青铜时代、铁器时代对展览进行排序组织,已经不单纯是按时间顺序排序(chronological display),而是对时间顺序进行分析和归纳。

对于时间的理解影响了科学界,也影响了博物馆的陈列。地质学家查尔

① Steven Lubar. Timelines in Exhibitions[J]. Curator: The Museum Journal, 2013(2): 169-188.

② Andrew McClellan. The Art Museum from Boullée to Bilbao[M]. Berkeley: University of California Press, 2008: 120-122.

③ Steven Lubar. Timelines in Exhibitions[J]. Curator: The Museum Journal, 2013(2): 169-188.

④ Jure Mikuž, Janez Höfler, Samo Štefanac. The Dictionary of Art[M]. Oxford: Grove, 1996: 2299.

⑤ 伦福儒,巴恩. 考古学:理论、方法与实践[M]. 第六版. 上海:上海世纪出版集团,2015:10.

斯·赖尔(Charles Lyell)在其《地理学原理》(*Principles of Geology*)中建立了地质年表。这部地质学著作在达尔文(Charles Robert Darwin)乘坐"小猎犬号"进行物种考察之旅前被送到他手中,对他的思考产生了重要的影响。[①] 到1841年,大英博物馆自然史部门新任负责人亨利·芙拉沃(Henry Flower)采用地质年表的系统来展示英国的自然、文物及中世纪收藏。他将年检与分类并用于自然史上,以呈现各类动植物的演变秩序。[②]

到19世纪末期,历史学家接手了原本由人类学家组织的策展工作,按时间顺序组织的展览变得更为普遍。进入20世纪后,用时间线组织展览的方式终于流行了起来。然而,到了20世纪的最后30年,用时间线来架构展览的方式又成了某种意义上的传统,策展人和批评家就该不该使用时间线来组织展览产生了巨大的分歧。[③]

(二)展览与时间线

在16世纪与17世纪的交汇点,在巴黎当时众多的博物馆中,弗朗索瓦博物馆是一个孤例,它的出现没有先例可循,在当时也鲜见追随者。18世纪之前,人们并不觉得时间是一种线性的结构,他们用以表达时间的多种形式可能会让今天的人们相当费解。

在叙事作为展览的组织方式被正式提出之前,按时间线的先后序列来安排展览,已经带有了一定的叙事萌芽意味。史蒂文·鲁巴(Steven Lubar)的研究发现,最早根据时间线陈列器物的是一张图片,一个仅在想象中的并非现实的陈列。它被发现于约翰内斯·开普勒(Johannes Kepler)伟大的天文学著作的卷首插画《1629年的鲁道夫星表》中,在一个虚构的博物馆里展现了天文学的发展。18世纪中期,在辉煌的艺术画廊里,时间顺序的陈列也出现了。历史看似本该与时间这一概念是天然的盟友,然而19世纪的历史类博物馆似乎对于用时间线组织展览并不感兴趣。[④] 要等到20世纪20年代,随着历史和技术渐渐从人类学中分离出来,史密松森(Smithsonian)的策展人才开

---

① 法伯.探寻自然的秩序:从林奈到E.O.威尔逊的博物学传统[M].杨莎,译.北京:商务印书馆,2017:74.

② 徐纯.文化载具:博物馆的演进脚步[M].台北:台湾博物馆学会,2008:88.

③ Steven Lubar. Timelines in Exhibitions[J]. Curator: The Museum Journal, 2013(2): 169-188.

④ Steven Lubar. Timelines in Exhibitions[J]. Curator: The Museum Journal, 2013(2): 159-188.

始用发展进程来讲述美国的故事。[①]

鲁巴认为对于多数的策展人和博物馆观众来说,时间线是一种自然且直观的呈现和理解过去的方式。时间线有一种直接、本质的叙事能力,可以创造出很容易跟随的参观路径。毕竟,能有什么是比直接连接时间顺序和物理空间的时间线更简单的隐喻来展现过去呢?观众参观展览的过程就好像是重现了历史时刻。当观众从展览的开头走到结束,就好像以一种隐喻的方式,从历史的早期走到晚期,从故事的开始读到结尾。时间线提供了一个强大的呈现历史的框架。

在19世纪的最后30年,时间线构成的展览成为许多类型的展览中的一种。不久,这种类型的展览也看起来变得传统了。在之后的几十年,用时间线组织展览遇到了巨大的反对声浪。博物馆策展人和学术界大多反对时间线,而博物馆评论界则赞成时间线。时间线成为文化战争中的一个爆发点。在回应批评和考虑观众体验的过程中,所有类型的博物馆都开始重新考虑叙事和时间顺序在展览中的位置。[②]

1992年,史密松森矿物与机械技术展览的策展人卡尔·密特曼(Carl Mitman)在年度报告中,骄傲地写下了美国国家博物馆的新组织系统,这可能是最早的关于现代历史陈列的一份文件:

> 机械技术部在本年度实施了一个新的计划,该计划相信可以提升展品的教育价值。简单来说,这个计划是为了让展品讲故事而不是简单地呈现一个时期内的发展。换句话说,展品的氛围和展览标签上的信息都会被加强,这样,观众会对展品的重要性产生深刻的印象,而不是仅仅意识到它的存在。[③]

密特曼将展品按照它们的原动力和发展的先后顺序进行陈列。他认为,按时间顺序组织是陈列的关键,策展人的工作是找到新的机型或照片,以填

① William S. Walker. A Living Exhibition: The Smithsonian and the Transformation of the Universal Museum[M]. Amherst: University of Massachusetts Press, 2013.

② Steven Lubar. Timelines in Exhibitions[J]. Curator: The Museum Journal, 2013(2): 169-188.

③ Smithsonian Institution. Smithsonian Institution Annual Reports 1992[R]. 1992: 106-109.

补时间线上的空缺。美国国家博物馆的其他部门也应该将展览按照时间顺序重新进行组织。

从今天的观点来看，用时间线组织展览，或者说采用一个有顺序的陈列方式，让这些展览或多或少具备了一些叙事性。但真正将展览或博物馆冠以叙事之名要一直到1993年美国大屠杀纪念馆开幕。叙事博物馆这样的称呼，第一次出现在博物馆界。美国大屠杀纪念馆并不缺乏展品，而对犹太大屠杀这个主题来说，只是陈列展品是远远不够的。美国大屠杀纪念馆的基本陈列，呈现给我们的是一个类似于三幕剧的叙事，同时还附带了一个名为"丹尼尔的故事"("Daniel's Story")的第一人称视角展览。正如内森·马蒂亚斯(Nathan Matias)所观察到的，美国大屠杀纪念馆所塑造的叙事流非常成熟，从时间顺序的叙事开始，转换到两个交织在一起的故事并对其进行配对。之后故事到判定点的时候，开放了更多复杂的叙事流。他将展览描述为一种典型的"链接-节点"超文本结构，是一种更开放、更少强制性的时间顺序。

时间维度作为展览的组织原则虽然出现得并不早，但从20世纪开始迅速在博物馆界流行开来，甚至成为一种新的"八股"。策展人转而回到纷繁复杂的分类世界，希望从中找到新的展览灵感。这显得有些极端。明尼苏达历史学会组织了一个"关于明尼苏达的一切(从A到Z)"展览(见图2-4)，这个展

图2-4　"关于明尼苏达的一切(从A到Z)"展览

览按照字母顺序来排列,就像儿童书一样充满了趣味性(例如A代表动物,C代表独木舟)。这暗示着没有一种单一的方式来理解展览内容,展览允许观众采用多种流线来参观,其获取信息的方式也更随机且个性化。①

(三)对故事的误会

虽然说将故事作为展览结构的展览尚未正式出现,但用展览来讲故事却并不是什么新的想法。亨利·默塞尔(Henry Mercer)是美国的考古学家与古物收藏家,在他看来,美国的故事就是劳动的故事。虽然具体的历史变化在各地多有不同,但最终都是由工具和劳动的过程导致的。1916年,默塞尔创立的亨利·默塞尔博物馆(Henry Mercer Museum)面世,该馆高达7层,用混凝土建造,到1930年时,已经收藏了超过2.5万件藏品——从苹果削皮器到绞刑架,从鞋匠的工具到捕鲸船,应有尽有。②

然而,尽管莫塞尔想要用这些工具来讲述美国的劳动故事,但从他把展品堆砌在一起的陈列方式来看,这个故事未必讲得比珍奇柜更好。展览作为一种公共传播媒介,并不是像史蒂芬·康恩(Steven Conn)评价亨利·默塞尔博物馆那样:"这种摆放看似混乱,却内有自己的方法,让默塞尔将科学、建筑和历史结合在一起,以表现各种展品所反映的历史价值。"③这更像是策展人一厢情愿的史学观念表达罢了。博物馆展览虽然意识到了故事是一个可用的工具,但究竟怎样结合展览和叙事,叙事对于展览适用的边界和范围,叙事对于展览的传播效果,都不清楚。更严重的是,故事这一概念过于日常,从而导致了在使用中出现泛化的倾向。我们平时所说的故事,并不都是那些有人物、有情节的文本类型。展览中所涉及的故事,也不可避免地出现过这样的误会。

达尔文的进化论影响了这一时期历史展览的组织理念。默塞尔一直努力地想用一种进化的模式来组织整个历史,并将劳动作为驱动这一模式的动力。为此,他借鉴了自然历史与人类学博物馆的组织技巧。在这些博物馆中,进化模式为人们理解自然和文化世界提供了可信、全面甚至

---

① Clifford E. Clark. Minnesota A to Z[J]. Journal of American History,1993(1):219-222.
② 康恩.博物馆与美国的智识生活[M].王宇田,译.上海:上海三联书店,2012:177.
③ 康恩.博物馆与美国的智识生活[M].王宇田,译.上海:上海三联书店,2012:173.

是令人鼓舞的方法。然而，很难说亨利·默塞尔博物馆的陈列真的体现了劳动生活进化的观念，今天的亨利·默塞尔博物馆的陈列和当时相比并没有做出什么改变。在展览的中庭，高达5层楼的天花板上，用金属钩悬挂着各种马车、雪橇甚至婴儿摇篮（见图2-5）。另外，历史以及美国人与自身历史之间的特殊关系很可能比植物或是异族文化更多地抗拒这一安排体系。①

图2-5　亨利·默塞尔博物馆中庭

① 史蒂芬·康恩.博物馆与美国的智识生活[M].王宇田，译.上海：上海三联书店，2012:202.

与默塞尔同一时期的另一位亨利,堪称汽车大亨的亨利·福特(Henry Ford),对发展的理解也许比默塞尔要更清晰一些。这位汽车大亨虽然没有受到过严谨的学术训练,却对“物”的历史价值有着超越当时历史学家的理解。福特认为,以书本和记录为基础的历史与根植于物品的历史有着根本的差别。他说:“历史学家们试图拼出一个关于过去的真实故事,但是他们所动用的语言和观点却并不能包括全部历史。一个民族真正的历史并不是通过战争来表达的,而是通过这些人的生活和工作方式。讲述这段历史的最佳方法就是借助这些人所使用、制造以及他们周围所存在的物品。”《纽约时报》将这称为“工程师的历史观”。福特并不收藏古董等仅具有美学或金钱价值的物品,在他看来,一个来自殖民地时期最破旧的厨房和锡碗与乔治·华盛顿用过的碗是同等重要的。①

在这样的历史理念下,福特所创建的亨利·福特博物馆和绿野村被历史学家们认为充满了讽刺意义。绿野村由数十个建筑组成,都是从原址搬到得宝的。福特借助这些建筑所创造的历史是一种愉快而和谐的田园式历史,尽管这种历史从未存在过。在他的博物馆里,农业、矿物和冶金学、房屋和配件、家庭工业和习俗、娱乐和休闲、通信和观点记录、照明、纺织、缝纫、贸易和商业、计时、药物和外科医学、音乐、摄影、科学和教育、学校、旅馆和客栈、商人和小贩、地图和图片、防火、林业和木工艺术、机器工具和商店作业被井井有条地陈列着。福特安排展示了发动机、农具和灯具,是为了说明进步与进化的过程,也是为了让参观者了解到技术的进步。观众通过“按照年代顺序摆放的各个发动机原件”,可以追寻到过去两个世纪中每一个重要的动力方面的新应用。在弗兰克·卡穆塞尔看来,亨利·福特博物馆所有的展品都依照逐渐上升的顺序摆放,也就是说它们生动而真实地展示了美国的进步历程。②

---

① 康恩. 博物馆与美国的智识生活[M]. 王宇田,译. 上海:上海三联书店,2012:165-166.

② 康恩. 博物馆与美国的智识生活[M]. 王宇田,译. 上海:上海三联书店,2012:167.

二、故事方法论——当代博物馆为什么需要叙事

(一)对抗被遗忘的恐惧

随着作为见证人的幸存者逐渐离世,时间正在将第二次世界大战造成的社会创伤的事件“历史化”。当创伤事件的幸存者和见证者都离世后,我们该如何保存这些记忆?针对这个问题,德国学者扬·阿斯曼(Jan Assmann)认为如果不想让时代证人的记忆在未来消失,就必须将其转化为后世的文化记忆。这样,鲜活的记忆将会让位于一种由媒介支撑的记忆,这种记忆有赖于纪念碑、纪念场所、博物馆和档案馆等物质的载体。[①]

记忆一直与大脑联系在一起,被认为是一种人类个体的生理机能,而社会并没有生理意义上的大脑,人类社会并不像个体那样保存记忆。[②] 扬·阿斯曼的文化记忆理论将记忆分成三种形式:个体记忆、集体记忆和文化记忆。个体记忆是我们平时理解的一种生理机能。集体记忆则是在群体个体间的交流中随着具体环境变化的记忆,以个体记忆的形式存储在头脑里,个体之间不需要过多的解释便能够就这些记忆进行交流。这种记忆随着时间的流逝发生变化,离开活生生的个体便无法生存,并随着世代交替而变化。一旦人与人的交流终止,集体记忆便宣告消亡。借助肉身完成的集体记忆一般只涉及三代人,即 80～100 年的时间。文化记忆既不是“知识”也不是“传统”,而是深植到群体的文化习俗中,成为群体身份认同建构的一部分。文化记忆需要特定的社会机构借助文字、图画、纪念碑、博物馆、节日、仪式等形式创建,会对相关机构或群体的延续起到定型和规范作用。那些历史悠久的文化记忆通过书写、节庆等文化规则避免了时间的侵蚀。相比集体记忆,文化记忆有一个相对固定的时间视域,可以长达 2000 年甚至 3000 年。但文化记忆也需在以不断重复为基础的仪式化的公共纪念中得到巩固,这需要专人维护,

---

① 阿斯曼.回忆空间:文化记忆的形式和变迁[M].潘璐,译.北京:北京大学出版社,2016:6.

② 阿斯曼.文化记忆:早期高级文化中的文字、回忆和政治身份[M].金寿福,黄晓晨,译.北京:北京大学出版社,2015:10.

并需要相应的时间和日期作为支撑。①

我们也许会问,当记忆成为历史文献,难道不是已经不朽了吗?为什么还要寻求诸如成为文化记忆的其他路径?记忆的历史化存在两方面问题。一方面,今天的世界依然存在历史被销毁的风险。2015 年,伊拉克苏摩尔(Mosul)当地的图书馆在战争中被摧毁,大量珍贵的古迹和手稿被毁,依托于物质载体的书面历史事实上极其脆弱;另一方面,书面历史并不是一个会进行主动传播的媒介,可以认为今天主要的书面历史都是面对专业人员的,普通人很少会主动在书页中寻找历史。成为书面历史的记忆事实上成了一种“死记忆”。随着时间的推移,对于事件和情绪的记忆都在逐渐消散。对今天大部分在和平年代出生的人来说,第二次世界大战可能还是日常会触及的话题,而更早的第一次世界大战则已远离日常,仅存在于历史中了。随着创伤事件的幸存者和见证者离世,“历史化”是一个不可避免的过程,成为文化记忆给予了记忆保持鲜活的可能性。

文化记忆理论把博物馆、档案、纪念碑都作为记忆存储的容器,是维持文化记忆的长期延续的重要构成部分。然而博物馆不仅仅只是一种记忆保存的媒介,更是深度地介入了文化记忆的生产。阿斯曼所研究的犹太人的文化记忆,在当代正以伤痛记忆博物馆这一特殊的博物馆类型对记忆进行再生产。

在长期的文明丰碑模式中,观众已经习惯了在博物馆中寻找人类文明的成就的一面,对文化遗产的理解也更偏向正面的解读。然而历史并不总是光鲜亮丽或令人愉悦的,事实上,还存在着另一类保存展示人类文明“负资产”的博物馆。在国际博物馆协会的 31 个专业委员会中,有一个名为国际公共犯罪受害者纪念博物馆委员会(Memorial Museums in Remembrance of the Victims of Public Crimes,ICMEMO)。这一委员会认为有一类纪念博物馆(memorial museum)的目的是纪念由国家、社会或意识形态导致的罪行的受害者。

伤痛记忆由自然灾害和国家、社会、意识形态公共罪行两类造成。在国际公共犯罪受害者纪念博物馆中,有一些主题事件对塑造一个地区或民族的共同认知形成了极大影响,例如第二次世界大战中发生的犹太人大屠杀、南

---

① 阿斯曼.回忆空间:文化记忆的形式和变迁[M].潘璐,译.北京:北京大学出版社,2016:475.

京大屠杀和美国“9·11”恐怖袭击事件。这类博物馆的工作对象是那些造成了伤痛记忆的公共罪行,但其建馆的核心动因其实是社会共有的伤痛记忆,因此这类博物馆可以称为伤痛记忆博物馆。

由国家、社会以及意识形态公共罪行造成的伤痛记忆是一种社会记忆。相对于个人记忆,社会记忆由某一地区的人群共同拥有。战争、大屠杀、恐怖袭击,这些创伤事件就像是人类文明的疮疤,伤痛记忆博物馆则成了保存与展示这些疮疤的平台。伤痛记忆是一种文明的“负资产”,同时又在很大程度上塑造了一个地区或民族的身份认同和当代面貌。

不论是集体记忆还是文化记忆,社会记忆都需要通过纪念仪式进行维护。纪念仪式具有两种形态,一种是行为模式,另一种则是建筑模式。行为模式是指悼念、回忆、祭奠、公共讨论等活动。对于作为行为模式的纪念仪式,我们并不陌生,世界范围内对伤痛记忆的纪念仪式都有着高度的相似性。1994 年 12 月 13 日,侵华日军南京大屠杀遇难同胞纪念馆受到日本广岛和平集会的启发,首次举办“南京各界人士悼念侵华日军南京大屠杀遇难同胞仪式”,鸣放防空警报,武警战士敬献花圈,放飞和平鸽。20 年后国家公祭日的设立,其实是这一地方纪念活动的延伸和国家化。在提升公祭规格的前提下,国家公祭活动也继承了鸣放防空警报、放飞和平鸽、举办烛光祭等仪式要素。在汶川大地震之后的国家哀悼日,鸣笛、默哀也在全国范围内进行。在趋于稳定的伤痛记忆中,行为模式的纪念仪式往往具有周期性。当社群成员参与到纪念仪式中,事实上是进入了秩序化的规训之中。这种秩序化的规训旨在以制度化的形式,使得伤痛记忆得以在社群中保存。在纪念仪式的程序中,参与的社群成员被要求在规定的时间、规定的地点、规定的流程中做出规定的行为。这种规定的行为可以是默哀时的低头、交谈的禁止,也可以是对仪式讲话产生的强制性记忆闪回的接收,以及被要求的反思。而纪念仪式的意义正是在于通过这些规训化的秩序与要求,与社群成员其他非仪式行为产生区别。建筑模式则是指纪念碑、公共雕塑、纪念公园、受保护遗址等具有象征意义、能够激发回忆的物理实体。行为模式的发生往往在地理位置上与建筑模式产生联系,人们常常会选择在有纪念碑的纪念广场上举行纪念活动。

如果说集体的伤痛记忆是通过对身体的规训在纪念仪式的行为模式中

保存的,那么伤痛记忆博物馆则是建筑模式和行为模式的结合,或者说是固化的纪念仪式,纪念仪式与伤痛记忆博物馆的元素对比如表 2-1 所示。伤痛记忆博物馆从意识和形式上将纪念仪式以博物馆化的方式进行长期保存与展示,纪念仪式的内容在伤痛记忆博物馆里通过视觉化、听觉化等多感官的形式传播给观众,纪念仪式的行为模式和建筑模式都可以在伤痛记忆博物馆中找到对应的展览要素。

表 2-1 纪念仪式与伤痛记忆博物馆的元素对比

纪念仪式	伤痛记忆博物馆
仪式上的主题演讲	创伤事件叙述
默哀	静思空间
诵读遇难者名字或纪念碑上的遇难者名字	遇难者名字的展示
纪念建筑	象征性展项

创伤事件叙述

创伤事件叙述通常是构成伤痛记忆博物馆常设陈列的主体部分,通常展览的这部分是以一套支配性话语体系进行创伤事件的再现。与之相对应的是在纪念仪式上常见的主题演讲,一般都会包含对创伤事件的回顾。创伤事件叙述是伤痛记忆作为集体记忆保持下去的基础,对于创伤事件的叙述让伤痛记忆博物馆的展览带有强烈的叙事性。伤痛记忆博物馆的展览对于创伤事件的叙述,并不像一般历史博物馆中历史事件的呈现,叙述的过程事实上是对创伤事件发生的举证和控诉。

当纪念仪式的参与对象大部分不再是创伤事件的直接亲历者,创伤事件叙述就成了纪念仪式中引起参与者共情的关键点。个体的伤痛记忆在共情的触发上产生了很大的作用。当伤痛记忆博物馆把个人故事放在社会记忆的宏观叙事中时,观众与创伤事件的时空距离被大大缩短,更容易触发共情。

静思空间

不论是将人群集中在一起的纪念活动,还是拉响防空警报的非地点限定纪念中，默哀都是常规的程序和要求。仪式参与者通常在纪念仪式主持人的指挥下，在一定的时间内默哀，表达对死者的敬意。观众参观伤痛记忆博物馆的过程通常是不受强制约束的，然而静思空间（meditation space）却以空间营造的方式，让观众进入静默或静思的状态，达成与纪念仪式中默哀程序一样的效果。静思空间是伤痛记忆博物馆区别于其他类型博物馆的独有空间，这个空间中通常不进行创伤事件的具体叙述，却能让博物馆通过身体习惯控制加强伤痛记忆的保存。位于华盛顿特区的美国大屠杀纪念馆（见图 2-6）和位于柏林的犹太人博物馆都设立了专门的静思空间。这种采用主持命令或空间暗示操演身体习惯的做法，是伤痛记忆博物馆操演性的直接体现，即通过对身体的规训达成认识上的一致。

图 2-6　美国大屠杀纪念馆追思厅

遇难者名字的展示

2011 年 9 月 11 日，在美国“9・11”事件 10 周年的纪念仪式上，167 对遇难者家属两人一组，逐一共念出 2977 名遇难者的名字。在一边的水池型纪念碑上，遇难者的名字被刻在 76 块青铜板上。遇难者名字的展示是纪念仪式中极为重要的一环。可以说，遇难者名字的呈现是纪念仪式合法性的基础，其代表了人类社会对于伤痛记忆的基本价值认知。同时，遇难者的名字也是在承载伤痛记忆的社群中，与传承记忆的核心关系最为紧密的部分。

姓名阵列的完整与否及列入标准是社群对于伤痛记忆是否达成基本共识的标志。对姓名阵列排列的方式、列入标准发生分歧时，社群成员就可能对社群举办纪念仪式的合法性产生怀疑。世界贸易中心遗址（简称世贸遗址）纪念水池上遇难者名字的排列问题就曾引起遇难者家属群体极大的反应，家属们纷纷提出不同的要求，有的要求把具有亲密关系的人放在一起，有的要求把同一公司的员工放在同一个区域。纪念水池的规划者最后设计了一个复杂的算法来满足遇难者家属的诉求，纪念碑上名字的排布保留了遇难者生前与同事、朋友和家人的关系网。①

电影《寻梦环游记》（*Coco*）中讲述了墨西哥人关于死亡的观念：死亡本身并不是最可怕的，而如果一个人被遗忘了，就彻底失去了存在。在芝加哥七君子案审判中，汤姆·海登（Tom Hayden）念出在越南战争战场上遇害的4752名士兵的名字。世贸遗址纪念水池上的名字代表了一个个的生命个体（见图2-7），这些个体因为一个事件形成的叙事而被放在一个清单里，他们之间就产生了关联。

图2-7　世贸遗址的水池型纪念碑上刻满了遇难者的名字

象征性展项

伤痛记忆博物馆内的象征性展项与纪念仪式中的纪念建筑有着相同的

① Alison Blais，Lynn Rasi. A Place of Remembrance：Official Book of the National September 11 Memorial[J]. National Geographic，2011(8)：176-177.

功能属性。伤痛记忆博物馆的建筑本身通常也被赋予了巨大的象征意味，柏林的犹太人博物馆以其破碎、异形、冲突的建筑设计语言成为这类博物馆中最广为人知的案例。也有不少关于伤痛记忆的纪念碑，是直接与博物馆共生出现的。在纽约的世贸遗址上，巨大的两座水池型纪念碑，以瀑布般的水流冲向无限深渊形成的负空间来象征消失的双子塔。而在“9・11”国家纪念馆内，曾经的世贸中心，如今成了三叉戟型的遗存(见图 2-8)，但这已经不仅仅是一件单纯的展品，更成了一种代表整个创伤事件的象征性形式，是博物馆内记忆触发的中心。伤痛记忆博物馆中流传度最高的展览图景也往往是那些象征性形式，例如美国犹太大屠杀纪念馆中的千相塔和堆积成山的遇难者鞋子。这些象征性形式可以理解为伤痛记忆博物馆展览中的纪念雕塑，就像展览的题眼，通过造型形成的意象凝聚了伤痛记忆的情绪。

图 2-8　“9・11”国家纪念馆中陈列的世贸中心建筑遗存

伤痛记忆博物馆展览让原本只在纪念日举行的纪念仪式，能够全年不间断地触发伤痛记忆，并与伤痛记忆原有的触发机制相结合，促成纪念仪式惯性的形成。纪念仪式的规训化秩序并没有在其固化为伤痛记忆博物馆后消失。尽管观众在伤痛记忆博物馆内的参观行为无法受到强制控制，这使得伤痛记忆博物馆相对固化的形式在规训度上有所降低。但伤痛记忆博物馆仍然通过建筑语言、空间体验、象征性展项等让观众进入一种自主接受操演的参观状态，通过对纪念仪式的固化，伤痛记忆博物馆实现了对集体记忆的保存和展示。

犹太人害怕的是悲剧重演，害怕的是再一次被清洗，被流放。他们曾经用典籍、节庆来塑造文化记忆，用文化传统和意识对抗遗忘，这种遗忘涉及一个民族的身份认同和存亡问题。而在第二次世界大战后，博物馆借助伤痛记忆的叙事也用来对抗被遗忘的恐惧。以犹太人大屠杀为主题的博物馆，并不是在第二次世界大战结束后就迅速建立的。1967 年阿拉伯各国联合攻打以色列的战争也使得犹太族群产生了强烈的危机感，犹太人非常害怕民族悲剧再一次上演。1978 年，总部位于芝加哥的美国纳粹组织在伊利诺伊州的斯科基举行威胁性的游行，引起了大屠杀幸存者的抗议。同年 4 月 16 日至 19 日，NBC（美国国家广播公司）播出了一部长达 9 个半小时的迷你剧集——《大屠杀》，观看人数约为 1.2 亿，引发了大众关于大屠杀记忆在流行文化中庸俗化的激烈争论。为了安抚犹太社区以及出于其他的政治目的，1978 年 5 月 1 日，当时的美国总统卡特宣布成立专门委员会庆祝以色列建国 30 周年，并动议建立大屠杀纪念馆。①

集体记忆的保存需要耗费巨大的社会力量，被遗忘才是社会生活的常态。社会记忆的断裂使得今天的我们无法精确知道历史上曾经发生了什么。考古学、历史学的工作都是在努力地恢复已模糊甚至是消逝的记忆。记忆是抽象的，它需要依附在一个实体上，而博物馆里充斥着大量实物展品，它们正是古代的社会记忆碎片。今天，各大博物馆的成立缘由尽管各不相同，但是历史类博物馆还是在其中占了很大比例。通过博物馆对于历史的讲述，集体记忆找到了被认可、被展示的实体。为了抵抗被遗忘的恐惧，博物馆不仅仅是保存文化记忆的物理实体部分，同时也通过建筑和展览成了文化记忆生产

① Edward Linenthal. Preserving Memory: The Struggle to Create America's Holocaust Museum [M]. Columbia: Columbia University Press, 2001: 11-12.

的一部分。

多年之后，当我们回顾这个时代所发生的事件，会发现博物馆正在积极地参与到当代历史的书写中，并在一定程度上改写过去的历史。裹挟在波诡云谲的国际政治中，博物馆不再试图保持中立，而是积极提出自己的观点，主动加入身份认同建构的过程。

（二）让历史成为一个整体

历史博物馆虽然在19世纪末开始接受用时间线组织展览的方式，但这并不是说历史博物馆开始讲述历史了。温伯格认为，传统的历史博物馆通常不教授历史。它们收藏、保存、有选择地陈列和历史相关的物件，但是从不试图去讲述和藏品以及陈列有关的全面综合的历史故事。① 美国大屠杀纪念馆建立的主要目的就是让人们受到历史教育，而历史教育的核心是要将整个历史发展的过程讲清楚，因此它采用了情节导向(plot-based)的叙事模式，用情节去推动展览的叙事发展。同时，叙事容易引发观众情绪的连接。在构筑展览的方法论上，美国大屠杀纪念馆根植于温伯格曾经任职的两个以色列的博物馆，一个是纳赫姆·古德曼犹太人流散博物馆(Nahum Goldmann Museum of the Jewish Diaspora)，另一个是耶路撒冷历史博物馆(Museumofthe History of the City of Jerusalem)。这两个博物馆都采用了叙事的而不是藏品导向(collection-based)的展览策略。② 美国大屠杀纪念馆采用了叙事的方式来架构展览，这和其他的历史博物馆有着很大的区别。

尽管历史博物馆并不是从建立开始就采用叙事的方式，但历史本身和叙事有着天然的关联。当历史博物馆想要展示历史事件，而不仅仅是展示历史文物的时候，叙事就成为一个非常自然的选择。尤其是按照单一线性的时间顺序安排展览，这种与人们日常经验相吻合的时间模型成为稳妥的方式。

---

① Michael Berenbaum. The World Must Know: The History of the Holocaust as Told in the United States Holocaust Memorial Museum[M]. Revised edi. Baltimore: Johns Hopkins University Press, 2005.

② Jeshajahu Weinberg. A Narrative History Museum[J]. Curator: The Museum Journal, 1994(4): 231-239.

集体记忆在博物馆找到了得以安放的实体。然而尽管有着千丝万缕的关系,集体记忆并不等同于历史。拥有来自全世界各地展品的大英博物馆,从建立之初就一直抱有利用馆藏展品来展示整个人类文明的野心。然而,尽管拥有数量惊人的藏品,传统的分类展示并不能讲述人类文明的故事。来自世界各地的观众拥挤在一起,艰难地穿过一个个展厅。在陈列木乃伊的展柜前,保卫人员不断提醒观众小心自己的随身物品。博物馆建筑里巨大的楼梯上,坐满了面目疲惫、神情麻木的观众。也许对于任何一个博物馆来说,人类文明的体量都太过于庞杂了,再多的藏品也仅是浩渺世界中的吉光片羽。2010 年,大英博物馆与英国广播公司(BBC)合作,动员了 100 多名馆员、400 多名专家,从约 800 万件馆藏中选出了 100 件,制作成纪录片和展览,讲述了人类 200 多万年的文明史。这一成就的达成,离不开从展示思维到故事讲述思维的转换。即使仅仅拥有文明的碎片,叙事依旧提供了讲述完整历史图景的可能性。

(三)重构物的语境

叙事赋予了博物馆藏品被公平对待的权利。精美与否、价格几何不再是决定一件藏品能否被展出的标准。带着猎奇的心态去博物馆寻宝,可能是珍奇柜时代就遗留下来的普遍观众心理。不论是世界级的大博物馆如大英博物馆、罗浮宫,还是后起之秀大都会艺术博物馆都在着力标榜自己拥有大量精美罕见的藏品。当博物馆要举行临特展或巡展的时候,展览中最为精美的展品也总是出现在展览的宣传物料中。观众对于博物馆藏品的评价也因此陷入了一个怪圈:人们普遍议论的是展品好看不好看,值钱不值钱,似乎今天的博物馆依旧是几百年前的珍奇柜。历史博物馆中的藏品,并非都是具备审美价值的。要说审美价值,图 2-9、图 2-10 这些奥斯威辛纪念博物馆(Auschwitz-Birkenau Memorial Museum)中的展品可能从任何角度都和美扯不上关系,甚至看起来让人觉得毛骨悚然。但正是这些大屠杀遇难者的鞋子、头发、水杯、眼镜,触目惊心地揭露了纳粹的种族灭绝暴行。

图 2-9 奥斯威辛纪念博物馆展品Ⅰ

图 2-10 奥斯威辛纪念博物馆展品Ⅱ

如果说奥斯威辛纪念博物馆是一个特殊主题的案例，那么我们再来看看位于纽约爱丽丝岛上的爱丽丝岛移民博物馆（Ellis Island National Museum of Immigration），其在展厅的入口陈列着大量行李箱（见图 2-11）。爱丽丝岛是当年新移民等待接受检查并进入美国的地方，被认为是美国移民的象征。这一个个朴实的行李箱几乎就是当时刚来到美国的新移民所有的家当。这些并不富裕的人们所使用的当然是功能至上的物件，美观在连温饱都难以保证的时候是根本顾不上的。这些朴素的、充满了使用痕迹的行李箱，在今天成为移民博物馆最震撼人心的展品。美国这个移民国家的兴起、对美国梦的追求、抛弃故土的勇气似乎都装在这一个个行李箱里,被陈列在展厅中。

图 2-11　爱丽丝岛移民博物馆展厅中的行李箱陈列

不论是奥斯威辛纪念博物馆的遇难者遗物,还是爱丽丝岛移民博物馆的行李箱,都不具备一般意义上的审美价值,但其承载的历史价值和见证的力量不逊色于任何造型精美的古代艺术品。

展品在博物馆化时经历了一个去语境的过程,其脱离了原来的使用功能、使用环境、使用者关系、保存地点。2001 年 3 月,阿富汗巴米扬山谷的两尊巨型佛像雕塑在全世界的见证下被炸毁。2001 年底,巴米扬山谷的风貌和考古遗迹被列入联合国教科文组织世界遗产名录以及濒危世界遗产名录。可以说,这两尊在玄奘的《大唐西域记》中就有所记载的佛像,在被毁灭的那一刻彻底成了世界遗产。到今天,这项世界遗产依旧深刻地镶嵌在我们这一代人的集体记忆中。在巴米扬大佛被预告炸毁前,美国大都会艺术博物馆的馆长菲利普·德·蒙特贝罗(Phillipe de Montebello)向塔利班恳求,让大都会艺术博物馆想办法将这些佛像带离阿富汗。他请求道:"请让我们把佛像转移到艺术博物馆,在那里它们是文物,是艺术品,而不是异教图像。"[①]在蒙特贝罗的表述中,可以看到大都会艺术博物馆提出这一动议的基

① Flood Finbarr Barry. Between Cult and Culture:Bamiyan,Islamic Iconoclasm,and the Museum[J]. The Art Bulletin,2002(4):641-659.

础，是他们认为博物馆化的过程能够剥离巴米扬大佛原有的语境，使其成为被审美的对象。

然而，作为一次对文化遗产的物理层面的拯救活动，大都会艺术博物馆对巴米扬大佛文化和身份价值的剥离，或者说屏蔽，也在一定程度上从精神层面上摧毁了遗产。其保留的也许仅是在美术史上的价值，所以蒙特贝罗才会说巴米扬大佛在博物馆中是艺术品而不是异教图像。在叙事展览中，叙事重构了展品的语境，赋予了它们新的意义，审美价值不再是最重要的考量。叙事给予了碎片化的社会记忆一个重构的语境，同时也给予了不同的藏品被平等陈列的权利。

/ 第三章 /

展览即故事

——叙事展览的结构

一、展览的叙事结构

结构是一个常用词。当我们检视机械结构、建筑结构、生理结构的时候，它指涉一个清晰的概念。任何用于承受载荷的材料的组合，不论是生物体还是建筑，都可以被称为结构。在物质的世界里，可以把结构理解为事物构成和组织的方式。但当我们把目光从具体结构投射到抽象结构的时候，结构马上失去了在物理世界中清晰的边界。社会结构、认知结构、学科结构、权力结构，这些结构分别有着什么样的意涵？结构主义者曾经追求一个适用于一切叙事的普适性结构。但这一尝试的失败，并不意味着对叙事结构探索的终结，而这种终结某种程度上意味着对于故事本质讨论的终结。

（一）结构还有意义吗？

对于故事的研究兴趣并不是等到叙事学的诞生才出现。亚里士多德在《诗学》中就已经开始了对故事本质的追问，而经典叙事学是在俄国形式主义和法国结构主义的影响下诞生在20世纪60年代。在享受了短暂的高光时刻后，结构主义学者们发现，寻找到一个能够解开所有故事密码的普遍公式是一项不可能完成的任务。80年代开始，对于结构的讨论随着经典叙事学的式弱而声量渐小。在之后的人文和社会学科叙事转向中，大量学科拥抱叙事学的方式，采用经典叙事学的分析模型对本学科的研究切入新的视角。不可否认，结构主义作为一种研究哲学已经式微了，但这并不妨碍我们继续讨论特定的叙事结构和故事的讲法。展览中的故事也应该在结构的探索中，寻找更多的可能性。

故事宇宙的类型学探索

1928年,苏联的形式主义者(formalist)弗拉基米尔·普洛普(Vladimir Propp)出版了《故事形态学》一书,分析了当地民间故事的深层结构。到1968年,该书英文版再版时,在文艺理论界受到了巨大的关注。这被普遍认为是现代意义上叙事分析的开始。其后,叙事学的发展突破了文艺理论的界限,渗透到了人文和社会科学的领域。历史学家海登·怀特(Hayden White)提出了叙事主义史学理论;威廉·拉波夫(William Labov)和乔舒亚·瓦列斯基(Joshua Waletzky)提出,社会语言学应该关注自身,关注对简单叙事结构的分析,这才是理解复杂叙事结构和功能的关键。理查德·哈维·布朗(Richard Harvery Brown)提出了历史社会学的主张。到20世纪70年代末,沃尔特·费希尔(Walter Fisher)指出了叙事在政治学和叙事分析在政治科学的中心地位。杰罗姆·布鲁纳(Jerome Bruner)和唐纳德·波尔金霍恩(Donald Polkinghorne)强调了叙事学在心理学领域的重要性。社会学、经济学也都渗透了叙事学研究。到90年代,叙事分析已经成为科学研究中一种普遍的方法。[①]

自亚里士多德以来的文学研究,都将叙事的结构聚焦于情节类型的分析,也就是情节的总体设计。[②] 普洛普在《故事形态学》的序言中指出,形态学是关于形式的学说,在植物学中,形态学指的是关于植物的各个组成部分、这些组成部分之间的相互关系以及它们与整体的关系的学说。借鉴植物学的研究方法,普洛普认为可以创立"故事形态学"这一术语,把丰富多彩的故事分门别类,使之呈现出"奇妙的一致性"。[③] 普洛普试图建立起一种神奇的故事公式,他研究了阿法纳西耶夫故事集里的100个神奇故事,将角色分为反面角色、协助者、救援者、公主和她的父亲、送信人、英雄、假英雄7种,并罗列了角色的31种功能。普洛普在研究中找到了几种类型故事的功能模式,包括神奇内容的故事、日常生活故事、动物故事,然后又把这些模式综合成一个最基

---

① 查尔尼娅维斯卡.社会科学研究中的叙事[M].鞠玉翠,译.北京:北京师范大学出版社,2010:2-4.

② Seymour Chatman. Story and Discourse: Narrative Structure in Fiction and Film[M]. New York:Cornell University Press,1980:84-95.

③ 普洛普.故事形态学[M].贾放,译.北京:中华书局,2006:7-8.

本的叙述结构模式，而所有的民间故事都是这个基本模式的变种。[①]

情节类型的分析方式往往依赖于主人公状况的变迁，根据主人公的状况上升或下坠，亚里士多德区分了“幸运”与“毁灭”的情节，根据主人公的不同性格，他又指出了极好的人、极恶的人、上乘但并非完美的人（介乎前两者之间）。这样就产生了6种情节类型：①一位极好的主人公失败；②一位卑劣的主人公失败；③一位上乘的主人公因判断错误而失败；④一位卑劣的主人公成功；⑤一位极好的主人公成功；⑥一位上乘的主人公因判断失误而受挫，但最终结局是令人满意的。[②]

普洛普的神奇故事模式当然不可能适用于所有的故事，他本人也没有认为自己的研究成果可以完成这样宏大的任务。普洛普研究的重要性并不在于他总结出来的神奇故事的31种角色功能，而是其分析方法。诺斯普罗·弗莱（Northrop Frye）、罗纳德·卡莱恩（Roland Crane）和诺曼·佛利德曼（Norman Friedman）在宏观叙事结构与情节类型学上的努力明显可以看到普洛普的影响。

弗莱为宏观结构分析提供了两种不同路径。一种是以人物为中心的，基于他所谓的模式；另一种是直接的深化理论。他指出了4种叙述模式：戏剧、浪漫故事、悲剧、反讽-讽刺。每种又分为6个相位，这样就形成了24种类型。卡莱恩提出了行动情节、性格情节和思想情节。佛利德曼在这些基础上增加了亚里士多德关于3种主人公的2种命运的区别，提出了14种类型。

好莱坞的数据科学

寻找一种可以囊括所有故事类型的分类方式，这是结构主义者一直追求的理想叙事学方法。这种努力的失败也直接导致了结构主义的衰落，但也不能认为这样的努力完全是徒劳的，人世间的故事大部分也许确实遵循了某些固有模式。伯明翰大学的一个行为经济学和数据科学团队在分析了6147个电影剧本后发表了论文《好莱坞的数据科学：利用电影的情感弧度推动娱乐业的商业模式创新》，认为好莱坞的电影逃不出6种模式：①“平步青云”类：情感轨迹显示为持续的情绪上升；②“江河日下”类：情感轨迹显示为持续的情

---

① 普洛普.故事形态学[M].贾放，译.北京：中华书局，2006：16-22.

② Seymour Chatman. Story and Discourse: Narrative Structure in Fiction and Film[M]. New York: Cornell University Press, 1980: 85.

绪下降;③“跌入兔子洞”类:情感轨迹显示为先下降后上升;④“伊卡洛斯”类:情感轨迹显示为先上升后下降;⑤“辛德瑞拉”类:情感轨迹显示为上升—下降—上升;⑥“俄狄浦斯”类:情感轨迹显示为下降—上升—下降。[①] 其中最赚钱的是“情感弧线上先抑后扬,人生跌入低谷之后又崛起”的故事。

电影编剧布莱克·斯奈德(Blake Snyder)在经典电影叙事三幕剧形式的节奏基础上,列出了一份节奏表(Blake Snyder beat sheet)来控制剧情的走向,这份节奏表把电影分成 15 个阶段,相当于设置了电影叙述中的 15 座岛屿。[②] 斯奈德把一个标准电影剧本设定为 110 页,每页大约是 1 分钟。

15 个节奏分别是:

①开场画面(opening image)。这是电影故事的第一印象,决定了电影的基调、情绪,影片类型和题材。

②主题呈现(theme stated)。在结构突出的电影中,前 5 页剧本里就会有人提出问题或做出陈述,而这个问题或陈述就是影片的主题。

③铺垫(set-up)。剧本的前 10 页—12 页,是称为铺垫的部分,那些铺垫成功的影片,都在这个阶段设定了主角、赏金、故事的目标。

④推动/催化剂(catalyst)。如果说在铺垫的部分,电影告诉观众这个世界原先是什么样的,那么在催化的时刻,就是原来世界的毁灭。

⑤争执(debate)。争执通常出现在剧本的第 12—25 页的时候,主角在这个时候要自我挣扎,确定要不要去执行影片中的任务。

⑥第二幕衔接点(break into two)。剧本的第 25 页开始进入第二幕,应该发生一些重要的事件把主角拖进去。

⑦b 故事(b-story)。b 故事开始于剧本的第 30 页,多数电影中的 b 故事是爱情故事。

⑧娱乐游戏(fun & game)。娱乐游戏部分通常是电影海报中核心的部分,也是电影预告片中的主要镜头来源,这个部分可以让主角干点表现影片风格、轻松幽默的事情。

---

① Marco Del Vecchio,Alexander Kharlamov,Glenn Parry,et al. The Date Science of Hollywood: Using Emotional Arcs of Movies to Drive Business Model Innovation in Entertainment Industries[R]. Rochester:Social Science Research Network,2018.

② 斯奈德. 救猫咪:电影编剧宝典[M]. 王旭锋,译. 杭州:浙江大学出版社,2011:57-73.

⑨中点(midpoint)。第 55 页是剧本的中点，通过对上千部影片的研究，斯奈德发现电影的中点要么是直觉表面上达到最高的“顶峰”，要么是主角周边世界坍塌的“低谷”，从中点开始故事只往好的方向发展。

⑩坏蛋逼近(bad guys close in)。剧本中第 55—75 页是最艰难的部分，主角发现自己的处境——坏蛋逼近。这是内部分歧、质疑、嫉妒开始瓦解主角队伍的时机。

⑪ 一无所有(all is lost)。一无所有发生在剧本的第 75 页，这和顶峰或低谷是相对的，表面上看来主角必须像是彻底失败：主角生活中的各个方面一团糟糕，伤痕累累，没有希望。

⑫ 灵魂的黑夜(dark night of the soul)。灵魂的黑夜部分可能是 5 秒钟，也可能是 5 分钟，这是黎明前的黑暗，就是主角刚好还没有找到正确的方法，处于深渊的时候。

⑬第三幕衔接点(break into three)。外部故事(a 故事)和内部故事(b 故事)纠缠在一起，主角通过了所有考验，深入挖掘并找到了解决方案。

⑭结局(finale)。结尾部分是第三幕，是人物定型、故事胜出的地方。

⑮终场画面(final image)。终场画面是开场画面的对照，需要明确地表达变化。

这 15 个阶段以不同的形式出现在各种类型的好莱坞商业电影中，每个阶段出现的先后有所不同，让剧情线索层层推进，牢牢控制住观众的观影情绪。虽然说这 15 个阶段非常老套，但在好莱坞电影被证明是非常有效的。加上故事的内容千变万化，观众一方面并不会直接感觉到这 15 个阶段，另一方面也被这 15 个隐藏在主线中的阶段培养出了一种观影习惯。

这种故事生产模式适用于展览吗？怎样判定一个叙事展览的故事讲述是成功的？展览并没有一套像商业电影这样能够通过票房和电影节奖项来评判故事内容与讲述方法的机制。电影可以用不同的方式讲述同一个故事，也可以对同一个故事进行反复翻拍，其故事内核和人物原型，甚至可以追溯到古希腊、古罗马的神话故事或者莎士比亚的戏剧，博物馆却面临着“千展一面”的挑战。

故事是不是已经穷尽了？我们总是感叹日光之下无新事。也许从某种意义上来说，故事的情节模式也许真的穷尽了。但每年仍然有众多新的电影、戏剧、小说面世,它们的故事内核也许都可以指向共同的母题或原型,但依旧受到人们的喜爱。一方面,同样的故事,或者类似的故事,可以通过不同的方式来讲;另一方面,人们不仅仅受到故事情节的吸引,小说家的创造早就已经不是单纯为了编织出跌宕起伏的情节。而同一部电影,有观众一次次地去电影院看,多年之后拿出收藏的蓝光 DVD 重温,仍能被它的魅力所倾倒。情节在这种吸引力中往往已经变得不那么重要了,重要的是媒介本身的特质。电影院黑暗的环境,巨大的荧幕带来的包裹感,对白、台词、音乐、镜头风格、场面调度,甚至早期胶片电影为了节约成本设定成每秒 24 帧,从而造成电影画面的些微停滞、快速镜头的模糊,都可能造就一部影片独一无二的风格。现代技术进步到足以拍摄出每秒 120 帧的电影,每一个快速镜头中的细节都能被观众看得一清二楚。例如,李安在拍摄《比利 · 林恩的中场战事》和《双子杀手》的时候都采用了高帧率。然而观众似乎并不买账,甚至拒绝这种技术的进步,认为这破坏了电影性。这样的电影不够电影,而更像电视剧,有种新闻感。长期观看行为的培养,让电影的技术劣势已经成为其风格的表现。

电影观众也许总是期待新的作品,戏剧观众的观看喜好则有所不同。他们显然对于情节已经了然于心,然而不同的演员、不同的戏剧季节、不同的剧场,都有可能带来全新的观感。对于像京剧、昆曲这种高度程式化的表演,观众对叙述话语的欣赏早已超出了情节本身。

对于博物馆展览来说,也许并不存在所谓的优秀故事模板,但这并不妨碍我们继续探索展览叙事的可能性。这种可能性的探索,建立在展览其他叙事媒介差异性的基础上。展览是一个连续变化的实体空间,对于观众在展览参观中的行为模式也缺乏强制性。电影、小说等其他虚构叙事作品的剧情发展主要由角色来带动,而展览中的展品可以与角色直接对应吗?随着博物馆化的拓展,博物馆的收藏对象从物质文化遗产向非物质文化遗产拓展。非物质文化遗产本质上是以人的文化行为为载体的过程性现象。展览所讲述的故事,并不是单纯围绕着文物,而是物质文化和非物质文化、自然遗产和文化遗产共同编织出的意义网络。不论展览要讲述人类的故事还是地球的故事,都需要这些不同类型的博物馆物共同出演不同的角色。在展览的叙事中,故事情节也许早已确定,难以改写,而对于结构的探索让博物馆有可能找到新的讲述方式,这也许是研究结构的意义。

(二)展览故事的三重层次

回到对于展览叙事结构的讨论,即便是在结构主义已经不再流行的今天,对于叙事结构的探究并没有停止。尤其是在人文社科领域发生了叙事转向之后,不同的学科依旧从自身的需求出发讨论结构在叙事中起到的作用,或是结构对表达的影响。在让·皮亚杰看来,一个结构包括整体性、转换性和自身调整性三个特征,并且结构应该是可以公式化的。[①] 这种高度理论化、抽象化的概括,也许建立了判断结构是否成立的理论框架,但对于分析一个具体叙事作品的结构,并没有提供更好的解决方案。在结构主义的框架下,热内特和查特曼则提出了更为坚实的分析工具。

相比普洛普的神奇故事公式,查特曼的叙事结构(见图 3-1)概括了叙事从真实作者到真实受众传播路径上各叙事要素所起的作用和相互之间的联系,具有更普遍的应用意义。查特曼认为,叙事话语由一系列连接在一起的

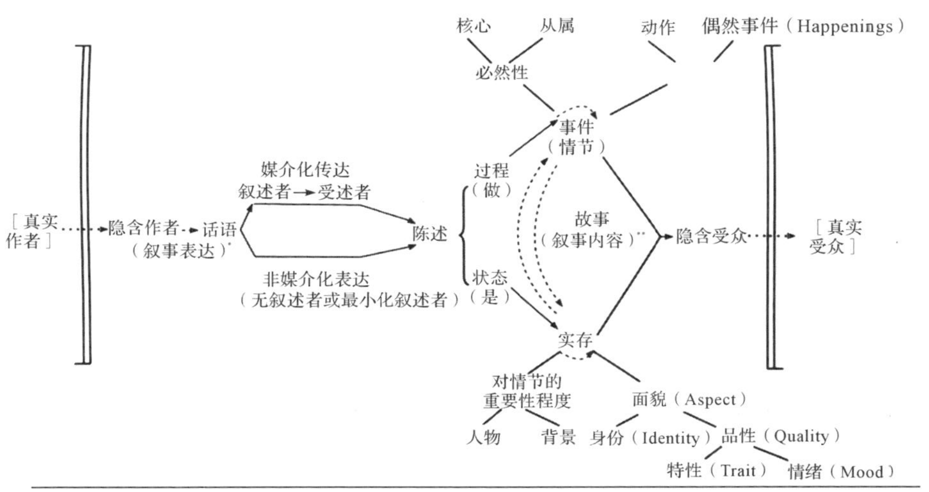

*这是叙事表达的形式;它出现于不同媒介(文字:小说、历史;视觉:油画、喜剧漫画;视－听:电影等等)中之质料或表现方式。
**这是其非材料性内容之形式。

图 3-1　查特曼的叙事结构

来源:查特曼的《故事与话语:小说和电影的叙事结构》。

① 皮亚杰.结构主义[M].倪连生,王琳,译.北京:商务印书馆,2006:3.

叙事陈述(statement)组成,此处的陈述完全独立于特定的表达媒介,它包括舞蹈陈述、语言陈述、绘画陈述等。

查特曼提出的叙事结构,是一种叙事的传播结构,其起源于他提出的叙事-交流情景图示。[①] 他认为叙事是交流,这就很容易想象为从左到右、从读者到受众的箭头运动(见图 3-2)。[②]

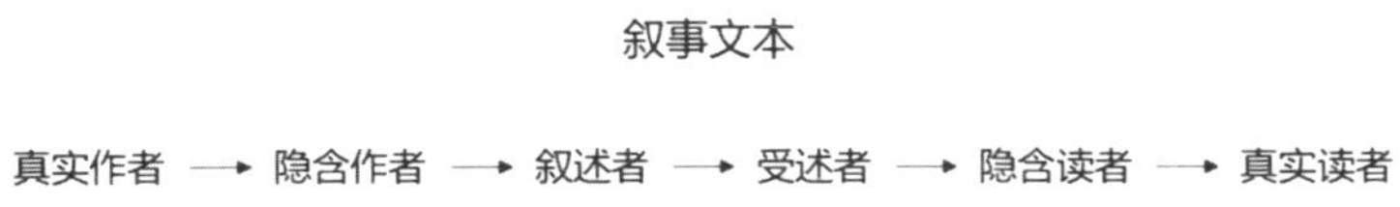

图 3-2　叙事-交流情境

来源:笔者根据查特曼的《故事与话语:小说和电影的叙事结构》重绘。

然而展览叙事传播模式并不是一个单向的过程,查特曼的叙事结构与展览叙事结构之间依旧存在着不小的缝隙。而当我们讨论展览的叙事结构时,更多的似乎在讨论情节发展的路径、时间线的编排方式、单元章节的安排,还是信息的交流模式?本书尝试用开头提到的故事,来解开萦绕在展览叙事结构上的重重困惑。

露西的故事

露西(Lucy)是标本 AL 288－1 的通称,这些标本构成了 40%的阿法南方古猿骨架,由唐纳德·约翰森(Donald Johanson)等人于 1974 年在埃塞俄比亚的阿法尔谷底阿瓦什山谷的哈达尔发现。

当考古队员们在营地庆祝这一发现时,营地的磁带机反复播放着披头士乐队的歌 *Lucy in the Sky with Diamonds*,于是考古队员为这些标本起了一个昵称"露西"。从获得这个名字开始,这个人类演化的考古发现突然就具备了某种传奇性。在之后的媒体报道中,露西的名字被反复提及,甚至被称为全人类的祖母。我们永远无法知晓这群南方古猿生活的年代是否已经存在

① Seymour Chatman. Story and Discourse: Narrative Structure in Fiction and Film[M]. New York:Cornell University Press,1980:151.

② Seymour Chatman. Story and Discourse: Narrative Structure in Fiction and Film[M]. New York:Cornell University Press,1980:31-36.

身份的辨识或者名字，但这些骨骼标本的原本所属的个体一定不叫露西。一旦被重新赋予了名字，故事就有了一个主角。

1976 年，日本艺术家杉本博司开始创作他的第一个摄影作品系列"Dioramas"。这个系列的摄影作品拍摄了位于纽约的美国自然史博物馆中的多个情景再现展项，其中既有现生的自然场景，也有对于地质时期自然环境和人类起源与早期文化的想象。很多人在第一眼看到这些照片时，并没有意识到这并不是真实的自然。他们惊叹于摄影师可以如此近距离地接近北极熊并完成拍摄。在照片里，不论是正在撕扯兽皮的尼安德特人还是泥盆纪有性繁殖尚未活跃的海底，看起来似乎都很真实。在观看的过程中，情景再现的场景边界被相机的取景范围所取代，真实和虚构的边界在照片中变得模糊。

在《直到长出青苔》一书中，杉本博司把泥盆纪的海、关于人类起源的考古发现、尼安德特人、用象骨盖房子的克鲁麦农人都收录在了《爱的起源》一文中。在杉本博司的故事里，美国自然史博物馆的这个场景中，露西和身边的雄性南方古猿是我们所知最早的人类情侣。他们在泥泞中留下的脚印成为我们今天重塑这一次"约会"的线索，甚至远处仍在爆发的火山都为这场"散步"增添了浪漫的背景。

露西的故事暂时讲到这里，我与露西的第一次相遇是在 2012 年的美国自然史博物馆。然而这次相遇却是因为要为摄影课查找资料，阅读杉本博司的《直到长出青苔》才依稀唤起了些许记忆。如果说美国自然史博物馆的展示讲述了露西的故事，那么至少可以在其中看到展览故事的三重层次，即原生层次、展示层次和观众层次。

2. 原生层次

在结构主义的框架之下，原生层次是指发生在故事时间与故事空间里的事件。在露西的故事里，原生层次发生在大约 350 万年前，其被如今的古人类学家称为南方古猿，生活在今天埃塞俄比亚阿法尔谷底阿瓦什山谷，已经可以直立行走。在南方古猿生活区域附近的火山曾在这一时期爆发，落满火山灰的大地在大雨之后，留下了犀牛、大象、羚羊、几内亚鸟、爪蹄兽、三趾马，当然还有南方古猿的脚印。这些事实上只能称为曾经发生的一种存在，并不符合今天我们对于故事的想象。

在展览故事中，原生层次是确实发生的时间。然而就像历史一样，我们确定曾经发生了某一事件,却不可能掌握所有的事实细节,而只能在一定程度上接近事实。考古学家发现了漫长地质年代中的一些人类起源碎片,把它们拼合在一起(见图 3-3)。火山爆发、已经灭绝的生物、早期人类,这些原本互不关联的碎片,散落在时间长河的不同位置,因为成为化石遗存在了同一区域,只是 350 万年的时间尺度足够遥远到让我们觉得这些超越个体生命长度的时间差几乎可以忽略不计。

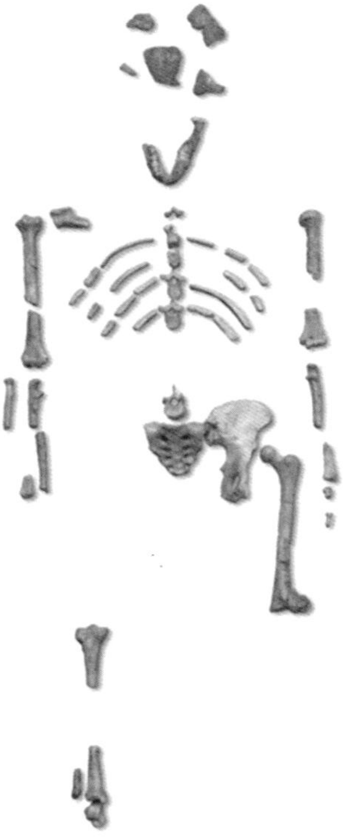

图 3-3　南方古猿“露西”的骨架化石(AL2881)

考古学家和古人类学家们找到了露西故事的原生层次中碎片之间的互相联系,让我们有可能在一个特定的时间、空间背景下理解早期人类的生存状态。当考古学家们发现的原生层次碎片进入博物馆成为藏品,它们被剥离了原有的语境,成了被研究的对象。露西的故事从原生层次到展示层次,还要经历博物馆化的过程。不可避免地,这一过程存在着浪漫化的想象。

展示层次

露西的化石原件目前被保存在埃塞俄比亚国家博物馆，对外展示的是化石的复制品，克利夫兰自然史博物馆(Cleveland Museum of Natural History)和菲尔德博物馆(Field Museum)所展示的都是原件的倒模复制品。2007 年到 2013 年，名为“露西的遗产：埃塞俄比亚隐藏宝藏”(“Lucy's Legacy: the Hidden Treasures of Ethiopia”)的巡展在美国展开。此后，世界各地博物馆在人类起源的展示中，常常都有露西的身影。

对于露西骨骼标本的研究经历了逐渐深入的过程。通过氩-氩测年法(40Ar/39Ar dating)测定其生活的年代，膝盖外翻和腰曲的研究揭示露西已具有现代人两足直立行走的特征，对颅骨标本的研究显示露西的脑颅小而原始。2008 年，对于露西的 X 射线扫描发现了其右侧肱骨有一个罕见的裂缝。在与整形外科医生核对后，确认这是从一个从高处摔落造成的骨折伤口。研究人员还在露西左肩和其他部位的骨骼也发现了类似裂痕，都符合高处摔落的特征。随着研究的深入，一个更为鲜活的露西逐渐浮现，而对于露西的展示，也经历了变化。

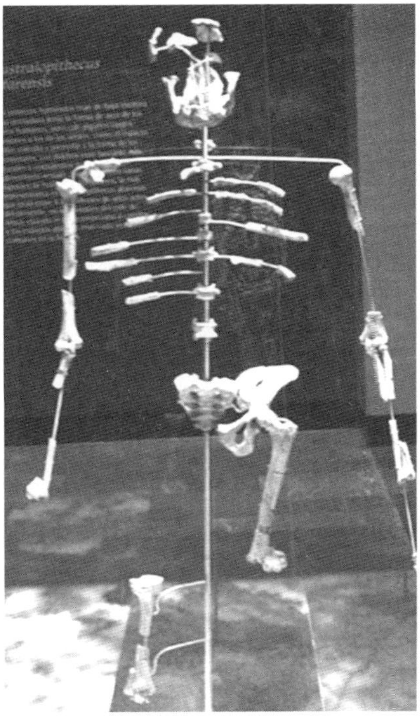

图 3-4 露西化石复制品

在墨西哥的国立人类学博物馆(Museo Nacional de Antropología)，露西化石的复制品通过金属杆连接在一起(见图 3-4)。观众通过这样的展示，可以知晓原本碎片化的骨骼化石在整体中的位置，这些化石不再是发掘出来后，被摊在同一个平面上的一些骨骼化石碎片。虽然由于跟人类骨架的相似性相当高，不少观众可以通过化石本身获知一个大概的整体形象，但实际上，南方古猿的身体构造和现代人类还是有着不小的差距。我们并不能预设这是观众知识储备的一部分。

仅展示发现的40%骨架化石,也许提供了某种发掘时的原真性。但博物馆给予观众的独特体验正是他们在论文或专业新闻报道中无法获取的那一部分。在德国法兰克福的森根堡自然博物馆(Senckenberg Naturmuseum),露西的化石复制品不仅被拼合在一起,馆方还用金属件补上了没有发现的60%遗骸(见图3-5)。更重要的是,这一陈列形式呈现了露西直立行走的形态,而直立行走是人类从普通动物的命运中脱离出来,走向文明的一个具有象征意义的特点。

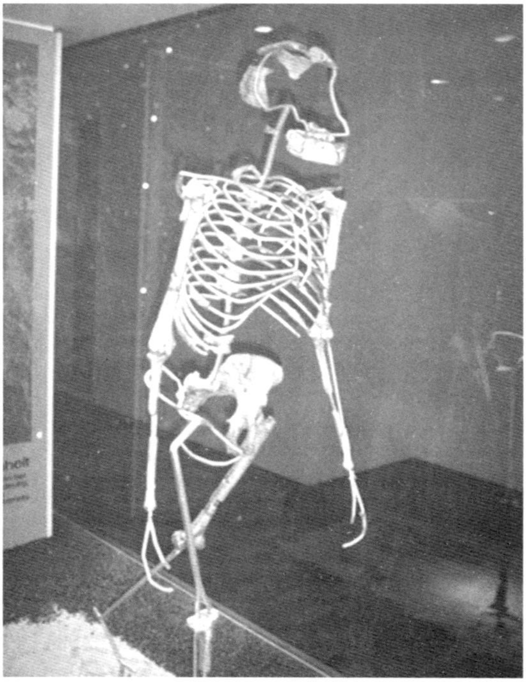

图3-5 森根堡自然博物馆的露西

在克利夫兰自然史博物馆的展示中,缺失的部分没有用金属条,而是用骨骼形态的材料补全(见图3-6)。在姿态上同样采用了直立行走的形式,可以认为这是对森根堡自然博物馆在同一种展示哲学下的进一步改进。

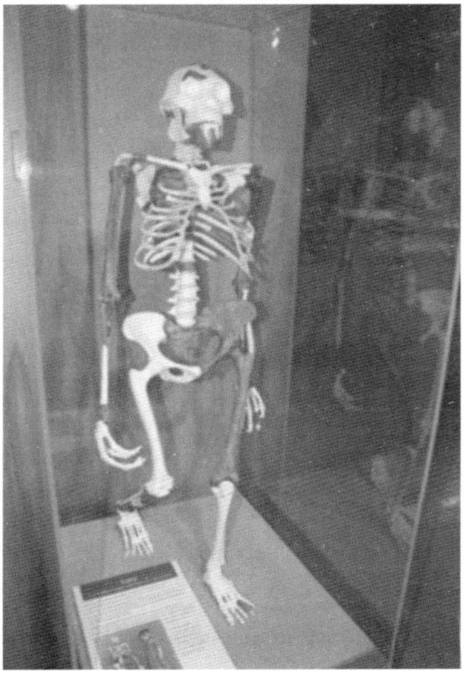

图 3-6　克利夫兰自然史博物馆的露西

然而，当露西出现在日本国立科学博物馆时，则变成了完全不同的模样。骨架标本已经不是展示的对象，它被替换成了用仿真雕塑复原的露西，并被塑造成一个抬着手，张着嘴，似乎正要说话的形象(见图 3-7)。在直立行走的基础上，露西被进一步赋予了交流的能力。在展柜内灯光的照射之下，身处日本的露西俨然是站在早期人类历史舞台中央的明星。这种展示形式显然更能够迎合想要知道更具体南方古猿形象的观众们。就像恐龙的展示，早期陈列追求的是拼合出一个尽可能完整的化石骨架。当对恐龙的研究逐渐丰满，古生物学家们知道了恐龙的肌肉结构、皮肤肌理，博物馆便开始展示复原的恐龙，真正的展品——骨架化石不再是陈列中最重要的部分，观众们兴奋地看着他们在电影《侏罗纪公园》中见过的凶猛史前怪物。这种复原性的想象陈列，到今天更发展出会动会叫的机械恐龙形象，以及采用计算机技术合成的动画影像。这种变化是由两方面的因素造成：一方面，研究的深入让博物馆能够展示更具复合性的内容；另一方面，这类展品是相当有限的资源，展品的数量远远无法满足博物馆的展示需求。

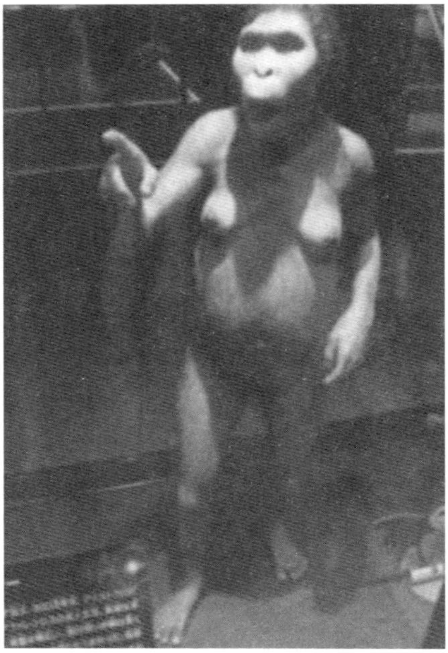

图 3-7　日本国立科学博物馆的露西

让我们回到美国自然史博物馆,这里并没有直接陈列露西的骨骼化石,而是展示了包括南方古猿在内的人类祖先在其栖息地上的活动。在展览的情景再现中,可以看到有着明显性征区别的两个南方古猿个体相依而行,雄性的手搁在雌性的肩部,就像今天人类情侣散步时常见的亲密姿势,身后留下一连串脚印。远处可以看到三趾马和几内亚鸟,火山似乎仍在喷发。这个场景被编织进了人类起源的展示中,构成了美国自然史博物馆关于人类演化的故事。

在露西的故事中,展品研究是故事从原生层次转变为展示层次时重要的博物馆化过程。随着研究人员知道更多关于露西的生理结构、生活形态,展览有可能把这些研究成果以可视化的方式呈现出来。当展示从露西本体扩展到整个时代环境时,想象的故事就会出现在陈列中。这种想象当然是基于科学的研究,但同时又从真实性的角度向博物馆提出了挑战。

观众层次

抛开杉本博司的摄影创作，我们也可以把他看作是一个普通的博物馆观众。在《爱的起源》一文中，南方古猿生活环境这一情景再现作为摄影作品，与回溯的足迹化石和露西的发现编织在一起，被用来表达他对伴随着生物演化过程的爱情的思考。泥盆纪的海洋中，有性繁殖还没有开始活跃，而在尼安德特人的照片中已经出现了被他解读为类似于今天婆媳关系的复杂情感。

杉本博司显然是一位善于思考的观众。露西的故事在经历了原生层次、展示层次之后，在他的照片和文字中形成了独特的观众层次。他把两个事实上相互独立的考古发现放在了一起，并且对考古工作的日常细节进行了浪漫化的描述。这一层次在每个观众个体中可能都是不同的，对于我来说，2012年匆忙参观美国自然史博物馆的过程并没有让我对这个情景再现留下太深的印象，甚至没有留下一张照片作为资料。

今天，露西的故事受到了新的考古发现的挑战。新考古证据显示，同一个区域生活着明显不同的两群古猿，南方古猿阿尔法是不是一定是今天人类的祖先，又成了一个存在争议的故事。我们无意在这里讨论人类起源的真相，但通过这个案例，我们可以看到考古发现是怎样变成一个故事用展览进行讲述并最终传达给观众的。在每一个层次中，信息的利用和讲述方式都有所差异。对于博物馆来说，其任务是把普通观众看不懂的考古报告可视化、情节化，把一个特定考古发现放置到人类起源考古发现的序列中，以支持人类起源的一种解释。而这种解释，因为展览故事化的讲述方法，变得尤为有说服力。

同时也要看到，带来这种说服力的故事是复杂的，原生层次、展示层次、观众层次都存在不同的叙事结构，而它们与展览的叙事又都有着千丝万缕的关系。也许是时候放弃结构主义，寻找普适性框架了，并不存在一个统一的结构可以解释展览中的叙事。当我们谈论展览的叙事结构，谈论的可以是多个不同功能不同层次的结构。

二、时间的游戏——叙事展览的时间结构

在热内特看来，叙事的本质就是时间的游戏，他在《叙事话语 新叙事话

语》中,对故事时间和话语时间之间的关系做了相当精彩的分析。[①] 故事时间是指叙事中主旨事件的跨度,而话语时间则是细读话语所花费的时间。[②] 从电影叙事的角度来看,故事时间相当于影片中故事跨越的时间长度,可以像"哈利·波特"系列电影这样是1年,也可能是像《罗拉快跑》(*Lola Rennt*)这样只有20分钟的故事,但不管是1年还是20分钟,最后观众观影的时间都可能是90分钟到180分钟,导演对影片的剪辑决定了电影的话语时间长度。对于叙事展览来说,故事时间就是展览内容的时间跨度。长得像长兴太湖博物馆历史展厅可以有百万年,短的像美国国家"9·11"纪念博物馆讲述的只是2001年9月11日那天发生的事件。但展览的话语时间,即观众参观完整个展览的时间,通常都在1到2个小时之间。对于观众来说,他们完全可以在1小时内就穿越数万年的历史时光。

策划叙事展览,就是策展人通过对故事中事件顺序、等级的调整,把故事时间编辑为话语时间。人们日常生活中所感知的时间,是一个均匀单向流动的过程,也就是从过去走向未来。在这个流动的过程中,无数的事件同时发生。但不论是电影叙事还是小说叙事,在一两个小时内讲完一个故事,都需要对时间线进行变形。即便是线性叙事,对时间线的变形依旧不可避免。在话语时间中的信息接收者,所接收到的故事时间并不是匀速流动的,而是一个不断改变速度的过程。为了分析故事时间如何变成话语时间,热内特将故事时间和话语时间的关系分为顺序、时长和频率三种关系。频率是很少在展览叙事中出现的一种时间关系,对于展览叙事的时间结构的阐述从顺序和时长展开。

(一)顺序

在经典叙事中,时间以流布的方式出现:从原因到结果,结果又导致另一个结果,直达最终结果。热内特区分了时间的正常序列和错时序列。在正常序列中,故事和话语的顺序相同。错时序列则可以分为闪回和闪进两种。[③]

---

① 热奈特.叙事话语 新叙事话语[M].王文融,译.北京:中国社会科学出版社,1990:12-106.

② Seymour Chatman. Story and Discourse: Narrative Structure in Fiction and Film[M]. New York:Cornell University Press,1980:62.

③ Seymour Chatman. Story and Discourse: Narrative Structure in Fiction and Film[M]. New York:Cornell University Press,1980:63.

从这个角度来看，小说作者对时间线顺序的安排是为了引导读者对逻辑关联的追寻。这在侦探推理小说中尤为显著，作者采用闪回、插叙、倒叙等方式，往往是为了按照一定的逻辑线索，一点点揭示真相。

由于展览的弱强制性，为了让观众更好地理解展览，策展人对时间顺序的操纵没有像小说作者或者电影导演这么大的自由度。过于跳跃的时间线对于在行走中参观的观众来说会造成很大的负担。以浙江省博物馆基本历史文化陈列——“越地长歌”为例，可以看到叙事展览中三种主要的时间顺序形态。

“越地长歌”展览分成 5 个部分。文明曙光——史前时期的浙江；古越王国——先秦时期的浙江；三吴都会——秦汉六朝隋唐时期的浙江；东南翘楚——五代宋元时期的浙江；繁庶两浙——明清时期的浙江（见表 3-1）。在每个部分，策展人都用了故事的形式来展示浙江在这一时期的行政变化、经济发展、文化特征。

表 3-1　“越地长歌”展览框架

主题词	第一个层级的框架	第二个层级的框架
浙江、地方、历史、文化	文明曙光 ——史前时期的浙江	旧石器时代的浙江
		钱塘江北岸的新石器文化
		钱塘江北岸的新石器文化
	古越王国 ——先秦时期的浙江	於越人
		越王国
	三吴都会 ——秦汉六朝隋唐时期的浙江	会稽故郡
		农工初兴
		南来北往
	东南翘楚 ——五代宋元时期的浙江	东南十一州
		富甲东南
		东南邹鲁
	繁庶两浙 ——明清时期的浙江	“浙江省”的诞生
		开拓更广阔的世界
		人文荟萃的文物之邦
		汹涌的海潮

总体的顺叙

顺叙可能是叙事展览最为稳妥的方式,即热内特所说的正常序列。从理解的角度来说,这应该是最没有负担的方式。“越地长歌”展览总体也是以顺叙的方式,表现了从10万年前到1911年的浙江历史,在展览框架的第一个层级上从“史前时期的浙江”到“明清时期的浙江”,没有出现错时序列。

局部的重叠

虽然“越地长歌”的第一个层级的框架是顺叙的,但在第二个层级就出现了时间线的局部重叠,或者说多重时间线。例如“越地长歌”的第二部分,分成了越人与越国两个部分。越国部分,从部落发展到王国政权,依旧是顺叙。但是越人部分分成八点,分别介绍了越人的生活环境、饮食、音乐舞蹈、玉石加工、鸟与蛇的崇拜、墓葬、陶瓷制作和越地的外族人。这八个部分共同完成了对越族人和越族部落的描述。八个部分中有一些是状态的描述,比如饮食、音乐、舞蹈等,也有从制陶到制瓷这样的叙事。对于这八个部分的内容来说,时间是互相重叠在一起的。

多重时间线是多种叙事媒介当中都存在的情况。热内特认为在一个故事里,事件可以同时发生,所以时间是多维的。但是叙述者必须打破事件的自然顺序,重新安排它们。叙事只有一个单一的时间轴。这可能是文学作品的困局,当小说出现两条故事线共同发展的时候,作者必须决定这两条并线的故事讲述的先后次序,分章讲述就是常用的方式。对电影来说,大部分同时发生的事情,也需要根据导演设定的逻辑关系,前后剪辑在一起。但电影还可以用分屏叙述的方式,让同一个时间发生在不同空间里的事件同时出现在银幕上。叙事展览的空间形态为同时呈现多条时间线提供了可能,观众可以在一个视觉面内看到多个小故事,通常这几个故事先看哪一个都不会影响观众的理解,并且观众在获取信息时,也只能聚焦在一个故事上。当然,策展人也可以根据需要按先后次序来呈现两个叙事,让时间线出现反复。

循环与闪回

历史本身包含重复性。从地球到太阳系,再到银河系,我们所在的星系以自转、公转共同构成循环旋转体系。从日常生活的尺度来看,日升月落、一年四季、冰冻化霜,生活原本也是一个循环系统。很多重要的历史事件,在大事件尺度上是一个点状事件，但在一个小的时间尺度下，事件本身也是由众多不断重复的时间循环而成的。叙事展览对于历史的叙述也无法回避重复循环的问题。

浙江是一个海洋大省，潮灾频繁，尤其是杭州湾强潮，对江岸造成严重的侵蚀。自汉唐以来，这里就开始修筑海塘。明清是潮灾频发时期，钱塘江潮水主要冲击着杭州湾北岸，于是浙西海塘成为海塘工程的重点。“越地长歌”展览的第五部分讲述了浙西海塘的建设历程（见图 3-8）。展览先用了一个海塘修建的大事记，来回顾自唐代以来的浙西海塘建设历程，一直到明清修建的鱼鳞海塘。这里用的是闪回的方法，让原本横跨大跨度时间线的事件，在叙事接近末尾的节点才出现。从展览安排的节点上来看，如果在整个时间线上反复提起海塘工程，未免有点啰唆，但很明显这是一个在浙江历史发展中不得不提的重要工程。从文化资源的角度，浙西海塘的建设也是非常重要的。随着时间的推移，海塘修建的工艺其实也有所发展，海塘本身的位置和长度也在不断变化，所以很难决定这个工程到底放在哪一个位置上来讲。考虑到明清时期潮灾频繁，海塘修筑更受到政府的重视，同时也是因为这一时期修筑的鱼鳞海塘在建造工艺上达到了古代筑堤的最高峰，展览把海塘建造的内容放在第五部分用情景再现的方式做了展示。海塘的建设是一个周期性的工程，伴随着潮汐的周期，塘工们做着一样的工作。从时间线上来讲，不

图 3-8　浙江省博物馆“越地长歌”展览修建海塘展项

同阶段,海塘修建在不同的地点,但涉及建造工序,其实是一个周期循环,所以叙述海塘建造的时候,不需要具体描述每一个周期内的工艺,只要用一个形象就能代替所有过程。

闪回适用于大幅度跨越时间线,但只需要在某一个点着重突出的事情。循环则适合用来讲周期性重复发生的事件。在历史的进程中,除了循环,还有一种可以称为"决定性瞬间"的现象。决定性瞬间这个概念来自亨利·卡蒂埃-布列松(Henri Cartier-Bresson)1952 年出版的《决定性的瞬间》(*The Decisive Moment*)一书。决定性瞬间的含义可以指按下快门的一瞬间,光圈、快门、光影、构图、被拍摄对象、摄影者本人达成的一个意义瞬间。但是从美学的层面,可以找到另一种类似于摄影哲学的解读,这个瞬间可以是一个很长的时间段。从历史的角度来看,只有某个事件的发生导致某个领域的状态发生变化,才能形成历史。这些事件,可以称为历史上的决定性事件。历史类的叙事展览所呈现的是变化的过程,即一系列的决定性历史瞬间。

萧山围垦博物馆的展览策划①体现了决定性瞬间和循环事件的结合关系。江岸坍塌和改道在历史上一直困扰着生活在钱塘江两岸的人。当潮灾发生的时候,往往死伤惨重,治江因此也成为历代政府的重要任务。钱塘江在冬季的时候会在两岸淤积出滩涂,当地人称为沙地,北岸淤积的区域在今天被称为下沙。但这些淤积出来的滩涂并不稳定。到了夏季潮水加大的时候,坍岸时有发生,淤积土地上的生产生活随时毁于一旦。萧山围垦博物馆想要讲的是,从 20 世纪 50 年代到 20 世纪末,萧山人民治江造地的历程。这段围垦的经历为萧山造出了三分之一的土地,被称为人类造地史上的奇迹。在策划初期,策展人也试着从分类的角度将整个围垦分为围涂、保地、垦殖、工具、人。但从展览节奏的角度来说,人和物本身就是一体的,所以抛弃了分类的想法之后,展览就朝着叙事的方向尝试重新组织。没有采用分类原则的原因是围地、保地、垦殖都存在时间上的反复,三者在同一年的不同时间内出现,并且并行。而对于工具和任务的集中展示,很难形成精彩的展览,也生硬地把人和故事做了人为的分离。当想要讲述典型人物的时候,不讲故事无法动人,讲了故事又可能和其他的部分重复。所以最后考虑还是将各部分融合在一起,以叙事的方式

① 萧山围垦博物馆在完成策划后未进入设计与实施阶段。

组织这个展览。

萧山围垦博物馆的策划采用了叙事的方式组织展览，是在深入了解资源状况和思考之后的决定。对于一个时间跨度大约为50年的封闭事件[①]，如果以分类的方式来组织展览的话，得到的会是一个条目明细的目录结构。在这样的结构中，想达到以情动人的目的是很困难的。其关键在于事件、人、物三者的分离。从事件的角度来看，围垦的过程可以分为非规模化的私人围垦、大规模人工围垦和机械化围垦三个阶段。三个阶段从时间上基本是互相承接的关系。三个阶段中产生了两次决定性瞬间，分别是政府组织层面决定进行正式围垦和泥浆泵的发明。第一个决定性瞬间拉开了大规模人工围垦的序幕，第二个决定性瞬间把围垦推向了大规模机械化的阶段。三个阶段当中不断有循环事件出现。对于这些循环事件来说，也存在着不同程度的决定性瞬间。前面提到了，钱塘江的水力活动存在着季节性循环。每年冬季的时候潮水比较小，滩涂逐渐淤积；而到了夏季大潮汛期，潮位比较高，潮水的力量也较春季要大得多。因此坍岸多发生在夏季。季节性循环的江水活动让围地和保护已围土地的活动分别需要在冬季与夏季进行。同时，新围土地上的农垦活动，由于农作物生长的季节性，也成为一个按季节循环的事件。不同之处在于，垦殖的范围在变化和扩大。由于土地改良的需要，随着时间的变化，种植的作物也有所变化。同时在基础建设的部分，由于水利的需要，类似性质的工程也被不断在不同的地点开展，成为一种循环事件。对于围垦本身来说，突发性的坍岸和大潮也是决定性事件。在围垦的过程中，大潮也成为一种针对保地的循环事件。从整个事件层面的角度来分析，这里所说的循环，并不是单纯的重复，而是按照某种范式有变化的循环。在小的循环层面也存在着决定性瞬间，例如土地改良的成功、阶段性的围地成功。

（二）时长

时长是策展人编辑时间线的另一个工具，且时长可能更体现出展览作

---

① 封闭事件在本书中指已经完结，在展览完成之前不会有后续发展的事件。其作用和影响力会持续，但事件本身已经结束了，比如“9·11”事件，可以说改变了当代美国，事件影响力到目前依旧巨大。虽然原址的建设以及善后事宜等，包括对遇难者的悼念和事件真相的追问，到现在也没有结束，短期之内也不会结束，但是对于博物馆来说，“9·11”事件本身已经结束了，且这个事件及其后续都可以认为是一个当代美国的决定性瞬间。

为叙事媒介的独特性。针对时长的分析其实是故事时间和话语时间的长度比较,即叙事展览的时间跨度和理想观众参观所花费时间的比较。查特曼对时长的5种可能都做出了解释,分别是概述(summary)、省略(ellipsis)、场景(scene)、拉伸(stretch)、停顿(pause)。①

概述

概述是指参观时间短于故事时间,这是历史展览的基本常态。“越地长歌”从展览的整体(见图3-9)来看,展览故事从10万年以前到1911年结束,观众基本可以用大约1.5小时的时间看完整个展览,因此整个历史叙事必须以概述的方式来进行。然而展览各部分概括的程度是不同的。第一部分占据了展览约五分之一的面积,讲述的是10万年前到3000年前;而第二部分与第一部分场地面积接近,讲述的是公元前21世纪到公元前3世纪;第三部分场地面积要大于第一单元,讲述的是公元前221年到907年。从这三个部分可以看到,展览时间的概括是极不均匀的,而参观时间基本上和

图3-19 浙江省博物馆“越地长歌”展览总平

① Seymour Chatman. Story and Discourse: Narrative Structure in Fiction and Film[M]. New York: Cornell University Press, 1980: 68.

展线长度是成正比的。策展人可以在 5 米的展线上讲述几万年的故事，也可以在 20 米的展线上只讲述几十年的历史变化。概述的程度和馆藏实物展品以及历史事件的分布有关。展览的时间跨度越大，概括的程度就越高。

省略

省略是指话语时间为零。一镜到底的电影，如《挪亚方舟》(*Noah's Ark*)在叙事上是致密的。在镜头的范围内，时间线的每一个瞬间都被表现出来。然而大部分的叙事是有省略的，某部电影中的主人公出门，下一个镜头可能是主人公进入办公室，如果上班路上没有出现推动情节发展的内容，导演可以把这一段时间省略，观众也不会因此感到困惑。可以说，小说和电影叙事的省略是作者刻意制造的，也是可控的。

展览的省略却有着很大的不同。在"越地长歌"的第一部分，从旧石器时代到新石器时代有 10 个文化碎片，这些文化碎片大多互相独立，各个文化碎片之间存在着巨大的空白(gap)，在新的考古成果被发现以前，不管是观众还是策展人都无法得知两个相隔数千年的文化有着什么样的联系。然而实际的情况可能是，存在于浙江大地上的早期文化从未间断过。即使展览进入到了有文字记载的历史时期，也是一样充满了省略。历史本身就是被选择过的社会记忆，没有一部史书会记下一段时间内发生的所有细节。博物馆所拥有的馆藏更是文化的碎片，一个历史文化现象或事件是否有对应的展品往往是个随机事件，所以展览的省略事实上并不完全受策展人的控制。策展人把已知的历史信息和展品排列在时间线上，观众通过解读这些历史碎片再形成历史的意义架构。与其他叙事形式比，叙事展览更像是连环画，每幅画之间都存在着省略，完整的故事需要读者的想象力来补全。但是有些省略是可以联想的，有些则是彻底不可知的。

停顿

停顿是指故事时间停止了，而话语时间仍在继续。在小说中，停顿往往是以描述某一个状态的形式出现，比如某一位出场人物的衣着。历史展览中同样存在停顿的现象。在"越地长歌"的第四部分，展览空间局部做出了一个二楼夹层，夹层下方是当时浙江都城临安的模型(见图 3-10)，夹层上方则是对临安西湖十景的描绘。可以认为，展览故事在这里是停顿的，故事时间并没有向前推进，策展人用描述的方式展示了时间线上的一个断面。事实上，当展览具体描述某一个事件或现象的时候，用到停顿的可能性很大，在空间语言中，展览能呈现的总是时间的某一个切片，而不是它的过程。

图 3-10　浙江省博物馆“越地长歌”展览中的南宋皇城微缩模型

即便是在典型的线性叙事的小说和电影中，时间也并非一直是在流动的。村上春树的小说《世界尽头与冷酷仙境》中有这样一段关于电梯的描写：

> 这电梯同我公寓中那进化得如同提水桶一般了无装饰的廉价电梯毫无共同之处。由于差异太大，我竟怀疑两者并非为同一目的制造的具有同一功能且冠以同一名称的机械装置。
>
> 问题首先是面积。我现在乘的电梯宽敞得足以作为一间小办公室来使用，足以放进写字台放进文件柜放进地柜，此外再隔出一

> 间小厨房都显得绰绰有余，甚至领进三头骆驼栽一棵中等椰子树都未尝不可。其次是清洁，清洁得如同一口新出厂的棺木。四壁和天花板全是不锈钢，闪闪发光，纤尘不染。下面铺着苔绿色长绒地毯。最后是静，静得骇人。我一进去，门便无声无息——的确是无声无息地倏然闭合。之后更是一片沉寂，几乎使人感觉不出是开是停，犹如一条深水河在静静流逝。①

在这段描述中，小说的主人公"我"走进了一部电梯，对于这部电梯的描述是时间线的暂停。同时，可以看到，在这个描述中，首先将目前乘坐的电梯与"我"的公寓中的电梯做了对比。紧接着，进行了3个方面的描述：面积、清洁度和声音。对人物和场景的描述是文学叙事作品中常见的元素，如对人物外貌衣着的描写，对于塑造人物形象甚至推进叙事的进展有着很重要的作用。例如侦探小说"福尔摩斯"系列中，福尔摩斯第一次见到华生时的一段对其身份的推理，就是通过对华生外貌衣着的描写得出的。对空间的描写也同样重要，文学叙事中的空间是一个虚拟空间，读者需要通过作者对空间的描述建立起对事件发生地点与环境的概念。从村上春树的这段简单的空间描写，可以看到在描写中也会有比较和分类的情况出现。这和展览中时间线一级框架下出现分类的二级框架情况很相似。

除了对于人物和场景的描述之外，文学叙事中常见的停顿还有作者的议论。在金宇澄的小说《繁花》中有一段这样的文字：

> 钢琴有心跳，不算家具，但有四只脚。房间里，镜子虚虚实实，钢琴是灵魂。尤其历史高背琴，低调、偏安一隅，更见汉阳，无论靠窗还是近门，黑，栗色，还是白色，同样吸引视线。于男人面前，钢琴是女人，女人面前，又变男人。老人弹琴，无论曲目多少欢快跳跃，已是回忆，钢琴变为悬崖，一块碑，分量重，冷漠，有时是一具棺材。对于蓓蒂，钢琴是一匹四角动物。蓓蒂的钢琴，苍黑颜色，一匹懂事的高头黑马，稳重、沧桑、旧缎子一样的暗光，心里不愿意，还是让蓓

① 村上春树.世界尽头与冷酷仙境[M].林少华，译.上海：上海世纪出版集团，2007：1.

蒂摸索。[①]

这是《繁花》中一段以描述结尾的议论。叙事展览中的停顿更多的是呈现,也就是描述。在策展的实践中,策展人通常会把自己的观点小心翼翼地藏起来,让观众通过他们尽可能客观呈现的现象来得出自己的结论。但这并不意味着议论的形式在博物馆展览中找不到。亚当认为叙事必须要有一个评价,不论是外显的还是内隐的。当观众进入一个叙事时,他也同时期待在结束时得到一个故事的教训。[②] 叙事展览的议论总是不经意地以带有情绪色彩的形容词的形式出现在展览的字里行间,尽管不是以一种直接显性的方式。相比于议论,对话讨论的形式,倒是更容易在叙事展览里实现。这里的对话有时候是策展概念上的对话,例如浙江省自然博物馆的贝林展厅用非洲大陆和北美大陆的对话来进行标本的陈列,这里的对话本质上是一种比较。有时候是观众和观众之间观点的对话,例如在隆平水稻博物馆中有一个关于转基因水稻的投票装置,观众可以就是否支持转基因表达自己的意见。在长兴太湖博物馆的自然展厅,关于太湖的成因有五种理论,每种理论都有专家来陈述这个理论的观点,以及相应的实物模型,观众可以选择自己认为合理的太湖形成理论。不论是议论还是讨论,在这个过程中,展览的故事时间都是暂停的。

在电影叙事的领域,时间的暂停也很常见。但其表达方式和文学叙事有着较大的区别,电影只能让观众看见,而无法描述。同样对空间的交代,即对于事件发生地的环境交代,除非是大景别的镜头,导演通常会通过镜头的运动来交代整个空间关系。全景式的镜头如果长时间停顿,容易让观众产生困惑。而镜头的运动,很容易让观众形成时间线在继续向前推进的假象。尤其是这时候的镜头视角如果接近于人眼的视角,观众更容易产生是自己转身或走动在这个空间里进行观察的感觉。但事实上,在对一个空间环境进行交代的镜头中,很可能状态并没有发生任何变换,尤其是一个纯粹的空间交代,事实上是没有时间概念的。镜头的移动,就好像是作

① 金宇澄.繁花[M].上海:上海文艺出版社,2013:164.

② 张婉真.当代博物馆展览的叙事转向[M].台北:远流出版公司,2014:25-26.

者在进行描述的时候由于文字的信息容量有限，也只能是一部分一部分地进行描写。

场景

场景是指故事时间与话语时间相同。在电影《这个男人来自地球》（*The Man from Earth*）中，整部影片的剧情大部分都发生在一个单一的室内场景，所有的故事内容都是通过几个人的对话来传达的。可以说这是一部故事时间和话语时间几乎一致的电影。而在叙事展览中，所有对戏剧叙事形式的借用，例如幻影成景、幻影成像都可以让故事时间和话语时间相同。需要注意的是，这里的场景，并不是我们平时在展览中常说的情景再现的场景，而是叙事学中对故事时间和话语时间进行比较的一个术语。在中国刀剪剑博物馆的剪刀展厅里，有一个关于走街穿巷的匠人修理剪刀的幻影成像，虽然中国刀剪剑博物馆的展览本身不是一个叙事展览，但这个幻影成像却是一个符合叙事条件的展项。项目中出现的需要磨剪刀的女性和走街穿巷的五金匠人之间的对话，传达了剪刀在日常生活中使用和剪刀品牌传播的社会学图景。观众在这个展项中，既不能快进，也不能放慢来看两个人之间的对话和表演。由于博物馆展览的展示还是以静态为主，而场景需要一个动态的耗时项目来进行表达才能达到故事时间和话语时间的一致，因此其使用的频率远不及概述、省略和停顿。但对于一个时间跨度小、有着充分细节的叙事展览来说，场景的使用对于细节的表达，有很大的帮助。

拉伸

拉伸是指故事时间短于话语时间。这在电影中的表达就是慢镜头。其在叙事展览中的使用，虽然并不常见，但是形成拉伸的原因和电影叙事却有着很大的区别。在电影中可能出现的拉伸，即慢镜头，是由电影导演设定好的。而展览中的拉伸，可能出现在对一个决定性瞬间的描述，观众因为被其吸引而反复观看，造成话语时间长于故事时间。多线叙事也可能在叙事展览中形成拉伸。在美国“9·11”国家纪念博物馆，观众可以听到当时被困于大楼中的人打求救电话的录音，这些电话的通话时间有所重叠，但观众只能一个个去听，这种多线并进却只能逐一接收信息的方式，让观众接收完信息的时间远远长于事件实际发生的时间。和场景一样，叙事展览的时间跨度越小,细节越丰富,事件并发的情况越多,越有可能需要用到拉伸的方法。

三、空间格式塔——叙事展览的空间结构

叙事是具体时空中的现象,任何叙事作品都必然涉及某一段具体的时间和某一个(或几个)具体的空间。超时空的叙事现象和叙事作品都是不可能存在的。[①] 对于叙事空间,查特曼提出了故事空间(story-space)和话语空间(discourse-space)两个概念,前者指的是故事发生的当下环境,后者指叙述者所在的空间。在查特曼提出的“故事和话语”的理论框架下,故事空间和故事时间正好能够一一对应,然而话语空间和话语时间却分别对应了叙述者与受述者。为了能够在一个更统一的框架下进行讨论,这里讨论的话语空间指的是故事被讲述时的空间。在《故事与话语:小说和电影的叙事结构》一书中,查特曼对电影叙事和文字叙事中的故事空间差异做了比较,他所描述的电影叙事的故事空间是确定的,其客体、尺度和种种关系与真实世界里的情况相似。而文字叙事的故事空间是抽象的,需要读者在意识中建构。[②]

空间是博物馆展览的一个重要形态。历史事件发生在特定的空间里,那些承载着各类历史事件、集体记忆、民族认同的空间或地点变成了特殊的场域——一种历史空间。历史空间是一个巨大的记忆系统,它对应着被固化的纪念仪式,有时候其正是纪念本身。历史空间为展览提供了两种相关联的叙事空间:一种是故事时间,即博物馆展品曾经所见证的历史事件发生的空间,这个空间随着展品进入博物馆而被剥离,只能存在于历史叙述中;另一种则是历史遗迹直接成为展览的现场空间,在这种情况下,故事空间和话语空间实现了在叙事上的统一。

(一)故事空间

从小说这一叙事媒介来看,由于内容通过语言文字这一载体被叙述,语言文字的叙述呈现出一个特定的时间顺序,因此小说的叙事都必须遵循某种

① 尤迪勇.空间叙事学[M].北京:生活·读书·新知三联书店,2015:4.

② Seymour Chatman. Story and Discourse: Narrative Structure in Fiction and Film[M]. New York: Cornell University Press, 1980: 96-106.

特定的时间逻辑，而空间形态的特征在小说中被削弱。[①] 小说家需要赋予情节以时空，才能让读者在阅读时对事件的推进产生合理的推论。这里的叙事空间通常不是实体的存在，而是通过小说家的文字描述，在读者头脑中形成的虚构空间。其空间尺度也是模糊的，最终在读者的阅读想象中，这个空间究竟是什么样子的，并不由小说家来控制。[②]

如果说文字叙事中的故事空间是观念中的空间，那么电影叙事的故事空间就具体得多了。从观众的感官来说，电影叙事的故事空间更像是对现实世界的映射或镜像，故事空间通过视觉化变成一种具体的存在。当岩井俊二把《燕尾蝶》拍成电影时，青空混乱的停车场、贫民窟昏暗的通道中提供文身服务的诊所、高高悬挂的格力高广告牌都成了观众可见的真实画面。但这种真实仅存在于镜头之内，是被设定的道具化空间，它仅仅为电影镜头而存在。一个房间只需要搭建两个互相交错的墙面，就可以通过镜头的运动让观众认为事件是发生在一个完整的屋子里。只要银幕边框内的空间是合理的，银幕边框外的空间就可以交由观众去想象。从这个角度来说，电影的画外空间和文字叙事的故事空间一样，也是一种观念上的空间。

以"哈利·波特"系列小说为例，当故事以文字叙事的形式存在时，小说中的9¾站台、霍格沃兹城堡的公共餐厅、霍格莫村、格兰芬多的公共空间、魔药课的教室、魔法部、禁林，每一个空间都是通过文字描述的方式来呈现的。这些空间的体量大小、位置关系都需要靠文字中的方位词来进行描述。同时，在小说中没有必要也不可能把这些空间的每一个细节都描述出来，一些熟悉的参照物就可以帮助读者建构观念的故事空间。例如对于9¾站台的描写，熟悉英国火车站的读者会在脑海中大致呈现出伦敦国王十字火车站的样子，对于不熟悉英国火车站读者来说，这个空间的形象可能来自其他的影视作品，或者是从各种媒体上看到的英国火车站的形象。如果是对于英国火车站完全没有概念的读者，对这个站台的形象就会是非常模糊的，他们可能只能在对自己曾经去过的火车站的了解基础上来想象在某两个站台之间的这个神秘空间。对于魔法部这样的魔法世界的政府行政空间，读者

---

① 尤迪勇. 空间叙事学[M]. 北京：生活·读书·新知三联书店，2015：130.

② 许捷. 空间形态下叙事展览的构建[J]. 博物院，2017(3)：41-48.

可能也会根据自己对政府办公空间的印象,混合某种自以为是的伦敦风格或者魔法风格进行想象。语言描述对于空间的限定能力是非常弱的。读者对于禁林的想象可能会相对趋同,原始森林的形象存在某种模糊的统一性,但由于里面提到了大量现实生活中不存在的植物,所以这也只是总体形象上的一种趋向性统一。至于霍格沃兹城堡里究竟是怎样的,由于魔法学校本来就是现实生活中不存在的事物,读者可能只能从一些古老的大学或者欧洲古堡的角度去想象。很明显,这么复杂的一个空间,四个学院、教室、校长办公室、餐厅、各种神秘的通道、运动场,读者很难得出一致的空间感受。霍格沃兹城堡在许多读者的思维中是以一种抽象空间的形式存在的,读者在读到格兰芬多公共空间或者寝室的时候,仅仅是以这个地名设定为空间概念的,而无法形成一个具体的形象,哪怕是想象,更不用谈形象的统一了。在"哈利·波特"系列小说被拍摄成电影之前,每个读者自己建构的故事空间都是独一无二的。

当"哈利·波特"的故事进行媒介转换,从小说变成电影的时候,故事空间变得具体化了,观众对故事空间的认识趋向一致。说趋向一致而不是完全一致,还是由于观众对于环境构成的认知差异。

很多电影的拍摄是在摄影棚内完成的,一个最简单的室内空间总是由顶面、地面和四个墙面构成的,但在摄影棚里,由于画面是被摄影机镜头的外框限定的,观众仅能看到空间的一部分,所以一面墙和一个地面,也可以构成一个完整空间的感觉。电影的故事空间,只是让人感觉画面中是真实的空间。这种现象在越来越多 CG(computer graphics)技术构成画面的电影中出现。整个镜头实拍的部分可能都是在绿幕前完成,而画面中的空间都是由电脑制作的特效。电影画面中的三维世界,最终被投射到二维的银幕上,即便是立体电影,也只是 3D 眼镜通过光路分离给大脑的错觉。电影叙事所有的故事空间在被放映出来的时候,观众看到的所有东西被银幕的边缘所限定。[①] 这种边框也成了电影叙事的一种风格,从早期的 4∶3 的银幕比例到后来的宽银幕,再到现在的 IMAX 屏幕。电影从业者一直在扩大银幕的面积,以提供给

① Seymour Chatman. Story and Discourse: Narrative Structure in Fiction and Film[M]. New York: Cornell University Press, 1980: 106.

观众更大的视觉面积和更好的沉浸感。但不论多大的银幕，电影画面依旧被一个边缘明确的边框所框定。而电影的镜头语言、画面风格都是在一定的银幕比例和边框限制之下形成的。VR(virtual reality)技术的出现，让电影叙事有了消除边框，实现故事空间和话语空间完全统一的可能性。然而针对VR电影的电影语言体系还没有建立起来，商业院线也还没有能力放映相当于今天的好莱坞制片厂等级的VR电影。当VR电影真正成熟的时候，电影叙事的空间可能会出现根本性的改变。

电影的故事空间和真实世界的空间发生直接关联也并不少见。今天，“哈利·波特”系列电影的拍摄取景地已经成为著名的景点。英国牛津大学的博德利图书馆、小礼堂、基督新学院的学生餐厅，都是“哈利·波特”系列电影的取景地。书迷和影迷前往这些地点，可以亲身感受电影中的故事空间，但这并不意味着电影的故事空间和现实空间的统一。牛津大学几个取景地在故事空间中都属于霍格沃兹城堡，且空间关系和现实也不一致。更不用说，在拍摄电影时，在现实空间中增加的道具在现实空间的日常使用中也并不存在。即使是现实中的拍摄地，在电影的故事空间中也只能是在道具化之后存在于镜头中。电影叙事的故事空间，可以说是建立在观众完形过程中，并不符合实际空间关系的一种拟真空间。它只能存在于画面中，并且由于镜头的焦段不同而发生了不同的变形。观众所看到的是被导演限定过的局部空间，它和小说叙事中故事空间的区别在于其具体化。

与小说叙事的观念空间和电影叙事的镜头空间都不同，展览叙事的故事空间是现实空间，叙事展览的故事空间本质上是展品空间。这里的展品空间并不是指展品所占据的物理空间，而是指展品在博物馆化之前的使用时空间和发现时空间。使用时空间包括了展品被生产、交换、发挥功能时的空间。以一枚唐代铜镜为例，其故事空间包括了生产铜镜的作坊、铜镜作为商品被买卖的空间、铜镜作为日常用品被使用的空间、铜镜作为随葬品被埋进墓葬的空间。而发现时空间则是指这枚铜镜通过世代流传或在墓葬中被考古发现时的空间。不论是使用时空间还是发现时空间，都是存在于不同时间维度中的现实空间。但在被博物馆化之后，展品的故事空间事实上已经被消解了，这个过程就是展品脱离原有语境，进入博物馆展览的展示环境。所以，尽管叙事展览的故事空间是现实空间，但一旦进入展厅展示，故事空间也只能是存在于记录中的观念空间了。

(二)话语空间

不仅是故事空间,叙事展览的话语空间和文字叙事以及电影叙事也有着很大的区别(见表3-2)。以小说为代表的文字叙事的话语空间存在于二维的纸面上,尽管也有在电子书和其他电子屏幕上看的小说,但由于文字符号的平面属性,电子书和电子屏幕并没有改变小说话语空间的属性。在阅读的过程中,读者通过翻动书页,来实现文字叙事话语空间的转换。

表3-2 不同叙事媒介故事空间与话语空间比较

叙事媒介	故事空间	话语空间
文字	观念空间	纸张
电影	道具化的镜头空间	银幕
展览	现实世界	展厅

电影叙事的话语空间主要是银幕,不论是胶片拷贝还是数字拷贝,都需要投射画面在银幕上以实现对观众的叙述,并不具备像展览这样的实体空间。在一般的商业院线中,银幕的大小、位置都是固定不变的,观众在就座后也始终保持相同的角度和距离观看影片,影厅空间保持黑暗。这在保证放映效果的同时,也尽可能地消除了空间带给观众的干扰。

叙事展览的话语空间是一种真实的物理存在。它包含了展厅的展示空间和展品的物理实体空间两部分。可以说,叙事展览是一个用实体空间来进行叙述的故事。在博物馆建筑内,空间被分割为公共空间、展览空间、库房、行政空间、教育空间等部分。我们着重讨论的是展览空间。它通常是建筑的一部分,是由墙体和公共空间区分开的实体空间。虽然由于观众游线的差别,不可能所有的观众都了解到一个展厅空间所有的细节,但这个空间的体量、空间位置关系,对所有的观众来说都是唯一且确定的。同时,观众位于话语空间内部,空间转换随着观众位置的改变发生着连续变化。例如在一个基本历史陈列中,先秦时期的青铜器和宋代的瓷器处于不同的空间位置上,要感受先秦时期到宋代的时间变化,需要观众从陈列青铜器的位置转移到陈列瓷器的位置。观众不再从叙事空间外部观察叙事的进展，而是在叙事空间内部，通过自身的移动来完成叙事展览的话语时间。

在众多的叙事媒介中，也存在着与叙事展览类似的具备实体话语空间的类型——戏剧。如果说电影银幕给观众提供了一个从外部观看的二维叙事空间，那么戏剧提供给观众的叙事空间是三维的。但戏剧只能通过布景的变化呈现多幕空间，来实现话语空间的变换，观众和话语空间仍然是分离的状态。剧院中不同的位置，也让不同的观众从外部视角进行观察的时候，具体看到的画面都有角度的差异。值得注意的是，在最新的戏剧发展中，出现了一种全沉浸式的戏剧方式。《不眠之夜》这部剧并不在传统的剧场空间上演，观众也并不是端坐在座位上观看演出，而是和演员在同一幢大楼中，围观演员的表演，跟随着演员从一个房间到另一个房间，从一个楼层到另一个楼层。从某种程度上来说，在这种戏剧中的观众也成为演出的一部分。在沉浸式戏剧的演出中，观众处于话语空间内部，被叙事空间所环绕。

但这和叙事展览空间中观众处于话语空间内部仍有所区别。戏剧是一种故事空间与话语空间相统一的形式，而叙事展览的这两个空间是分离的。在沉浸式戏剧中，观众的位置移动取决于两个因素，一是演员空间位置移动的引导，二是观众根据自己的兴趣对支线剧情的选择。在《不眠之夜》的演出中，观众选择跟随不同的演员，去到不同的空间，观看不同的支线剧情，所以观众其实没有办法在一次观看表演的过程中就了解所有的剧情。这在某种程度上也增强了观众的参与感。但不论是演员的引导还是观众的自我选择，都不完全是观众自主的移动。同时，大部分的时候，观众还是站在一个固定的位置上进行观看，表演的时间维度是通过演员的表演过程来实现的。而在叙事展览中，展品的位置都是相对固定的，话语时间的变化需要通过观众自主的移动来实现。

展览陈列的展品是具有实体空间的物。可以认为并不存在绝对的二维展品，即使是一幅画，其视觉传达是二维的，但在展览陈列中依旧是具有厚度的三维存在。叙事展览中，用来讲述故事的展品都具备实体的空间形态。观众在展览叙述的过程中，可以真实地观察到这个空间。随着博物馆藏品边界的拓展，展品从原来所谓的文物，即我们一般认为的可移动的物质文化遗产，向社会现象、社会记忆、自然现象等拓展。今天的博物馆展品可以粗略地分为实物展品和非实物展品。实物展品很好理解,它跟我们原来所说的文物的概念非常接近。至于非实物展品,同样也具备了实体空间形态。虽然说非实物展品所指的社会现象、社会记忆、自然现象本身不具备物理形态,很多自然现象甚至无法直接在博物馆中展示,但这和叙事展览中讨论的展品本身具有空间形态并不矛盾。通过辅助展品系统,非实物展品最终仍将以具有实体空间的形态出现在叙事展览中。

必须认识到的是,观众之所以来博物馆,是因为博物馆能提供其他场所无法提供的体验或者是真实性。在信息极易获取的今天,博物馆能够提供的独一无二的体验,正是源于其实体空间性和真实性。这就是观众虽然可以在超高精度的图像文件上看到古代绘画的笔触细节,却仍然愿意排队去北京故宫博物院看青绿山水,去浙江省博物馆看《富春山居图》的原因。这种具有实体空间的现场感是别的信息媒介无法提供的。非实物展品以博物馆的展览语言表达出来,就会成为一种有空间体量的形式。所以不论是实物展品还是非实物展品,在博物馆展览中的陈列都具有空间形态。当我们说展览是用空间来讲故事的时候,这里的空间包含了展厅空间,也包含了展品本身所占据的空间。

四、时空的协奏曲——叙事展览的交流结构

关于时间的概念与线条的象征隐喻紧密包裹捆绑在一起,要把它们分开,看似是几乎不可能的。按照文学批评家米切尔(Mitchell)的说法,“事实是,空间形式是我们关于时间的认知概念的知觉基础,没有空间的中介调停,我们实际上就没法报出时间”。米切尔论证说,所有与时间相关的语言都是被空间修辞表达给“污染”了。“我们说时间的‘长’和‘短’,说‘前’和‘后’,这些都是含蓄的隐性比喻,都依赖于一个心理图像,把时间设想为一个线性连续体……连续性与顺序性,呈现为空间形象,而这些形态是建基于不间断的线或面这一模式;关于同时性或非连续性的经验,则是简单地建基于不同种类的空间形象中这些形象不同于连续的、循序相继的时间经验中所涉及的那类图像。”①

① Mitchell W. J. T.. The Language of Images[M]. Chicago: University of Chicago Press, 1980.

即便是展览中的时间线，话语时间线能在展览中存在，完全依赖观众在参观动线上的身体移动。这是为什么当我们讨论展览的传播结构的时候，需要将其放置在叙事时空共同作用的框架下。

类型学的分析方式并不能彻底解释叙事结构到底是什么样的。类似地，还有线性、非线性结构，一个含有开始、发展、高潮、结尾的结构，这样的叙事结构表述方法、这样的结构分析都无法明确地表述叙事作品的要素逻辑构成。

自亚里士多德以来人们就认为，叙事中的时间从根本上是互相关联的，成链条的，相辅相成的。按传统观点，它们的关系不是简单的线性顺序，而是因果的。在经典叙事中，事件以因果的流布的方式出现，即使两个看似没有明显互相关系的事件，我们也会根据稍后将会发现的某种更大的原则推断其有关联。[①] 在讨论了叙事展览的时间结构和空间结构后，我们来检视一下其内在的信息传播逻辑。

（一）嵌套结构

叙事展览中的叙事单元是单个展品，这里的单个展品包括实物展品和非实物展品。从实际操作的层面来说，单一的实物展品更容易被理解，但单纯实物展品本身通常并不能达成有效的叙事，而需要相匹配的阐释。由数个展品构成的展品集群是在单一展品基础上形成的第一次嵌套结构，相当于小说中由情节构成的故事片段（小故事）。展品集群包含两种情况：第一种情况是由一组同类型的单一展品组合起来形成一个故事片段；第二种情况则是由不同性质的展品共同组成故事片段，通常在这组展品中的单一展品所携带的信息量不足以形成一个叙事单元。

第一种情况，可以用一组货币来举例说明。将中国的货币完全按照时间顺序排列成一个货币体系：从原始的贝币到金属货币，再到纸币的出现，一直到现代货币。以这一组货币为基础，可以讲述包含但不限于中国货币的历史、货币铸造工艺的发展、货币纹饰背后的政权更替、金融概念的演变、度量衡标准的变化等一系列和货币有关的故事。而这一组货币的故事，可以成为

① Seymour Chatman. Story and Discourse: Narrative Structure in Fiction and Film[M]. New York: Cornell University Press, 1980: 46.

中国商贸故事的一部分。在中国商贸博物馆的基本陈列中,就采用了类似的策划方式。考虑到需要讲述从物物交换一直到当代的商贸模式,整个展览采用了按时间分段的方式。在主故事线保持单线叙事的基础上,用商贸发展的特点代替历史叙述中的王朝分段体系,进行展览组织,由于展厅较大,考虑到观众的认知和体力负荷情况,整个中国商贸发展的故事被分为古代部分和近现代部分,两个部分又分为若干单元节点。虽然单元与单元之间是单向的线性叙述关系,但每个单元都会涉及贸易的形式、主要的商品、度量衡标准的变化、贸易范围、货币的发展、新金融形式的出现、市场规则、国家政策、重要的商人、相关的文化等内容,所以每一个单元本身事实上是一种多线并行的叙事方式。而货币的发展历程也被拆分成数段,在各单元内都安排了一个陈列的小空间,采用了前面提到的方式进行叙述。

第二种情况,事实上更接近于一种情境化解读的方式。通过展品的组合,形成让观众易于理解的展品情景。不论是实物展品还是非实物展品,都可以采用这样的方式进行组合,且同一件实物展品放在不同的组合内,可以形成不一样的故事片段。

扬州博物馆收藏着一枚唐代的菱花形打马球纹铜镜(见图 3-11)。在唐代,扬州是中国重要的铜镜产地。如果将这枚铜镜放在反映扬州唐代手工业

图 3-11　菱花形打马球纹铜镜

的单元中，又将它放置在反映扬州唐代金属加工的组分中，再把它放在反映扬州唐代铜镜制造的小节中，在这样的语境下，这枚铜镜成为证明扬州唐代制镜业水平的一个物证，所反映的是扬州唐代发达的手工业的主题；如果将这枚铜镜放在叙述唐代扬州对外文化交流的组分中，它所反映的是唐代扬州是中国与世界各国文化交流窗口的主题，它变身成为唐代扬州活跃的中外文化交流的物证。

实物展品和非实物展品的组合一样可以实现类似的故事片段叙述。下面的这个案例来自美国国家历史博物馆的交通发展陈列——“车轮上的美国”(“America on the Move”)。以下的两个画面(见图 3-12、图 3-13)都是实物展品和非实物展品共同构成故事片段的例子。

在第一个场景中，可以看到火车、准备登车出行的一家人以及后面准备发往全国的农产品。在第二个场景中，实物展品是一辆 1903 年的汽车，这辆汽车与两个人物雕塑、一只狗的雕塑以及二维接三维的场景一起构成了整个穿越美国的故事片段。

图 3-12　“车轮上的美国”展览(一)

来源：笔者自摄。

图 3-13 “车轮上的美国”展览(二)

两个场景都是由实物展品和非实物展品构成的故事片段。就火车或汽车本身而言,由于脱离了原生语境,在博物馆展览中如果单纯无语境陈列,很难讲出一个具有情节性的故事来。第一个场景讲述的是 1876 年,加利福尼亚的圣克鲁斯铺设到小镇上的铁路。在 19 世纪 70 年代,海岸线之间的铁路让美国内部的连接达到了前所未有的程度。海岸线和水路使美国位于交通要道以外的城镇和城市也兴旺起来,食物和手工艺品可以在全国范围内运输,让相距千里的人们有了新的社交、政治和经济纽带。对美国人来说,一条铁路连接的是可以预见的繁荣和新的机会。在圣克鲁斯,商人和政客在争取建造一条到达小镇的铁路,希望这可以振兴工业,让他们的小镇变得和旧金山一样重要。许多当地人也投资了这条铁路。在多年的政治活动和金融操作之后,一条 15 英里(约 24 千米)长的铁路于 1876 年建成。这条铁路连接了圣克鲁斯和沃森维尔的农场,并曾是南太平洋铁路在加利福尼亚相当重要的一段。这个场景中,我们可以看到 70 年代美国人的穿着打扮,铁路线的铺设让坐火车成为外出旅行一种可能的方式。同时,地方农产品也因此可以推广到全国市场。在边上有一个与之呼应的农产品销售的场景(见图 3-14),像许多大城市一样,华盛顿有很多大型的农贸市场供居民日常购买食物。在场景前有一块小的说明牌,是一个问题系统:这些牛奶有多新鲜?提示:没有冷藏的牛奶可能在一天内就变质。和铁路系统的建设相匹配的，这里说明的是在冷藏车厢（见图 3-15）和铁路系统相结合之后，农产品的销售不再只限于本地市场，而可以销售到更远的地方。

图 3-14　“车轮上的美国”展览（三）

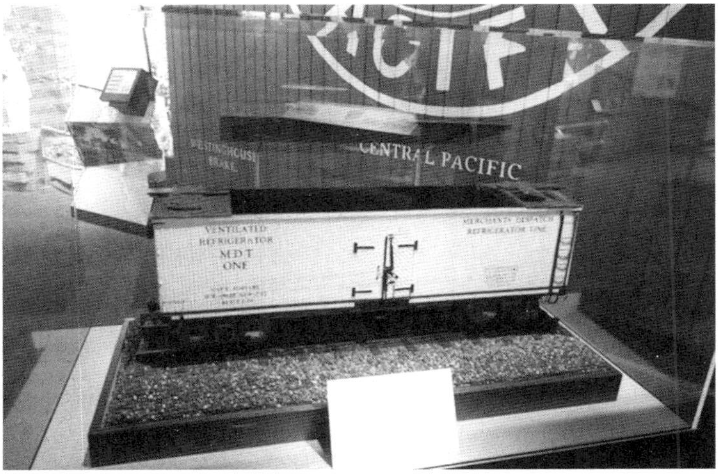

图 3-15　“车轮上的美国”展览中的冷藏车厢模型

让我们回到第二个场景，1903 年，在怀俄明州的某处。自驾穿越美国的点子激发了几百万美国人的想象，甚至在公路系统在全国铺开之前，汽车品牌就在大做穿越全国的自驾广告。政策的推动让越来越多的美国人认可,汽车不仅仅是一个昂贵的玩具。长距离公路旅行和其他宣传使得汽车在真正普及之前,就已经确立了其在美国人心目中的地位。结合第一个场景,我们可以看到,汽车厂商正试图通过广告宣传让汽车成为主要的出行工具。车辆的属性正在从玩具向日常通勤工具发展,人们的穿着已经发生了明显的变化。出行方式从火车向汽车发展之后,人们旅行的自由度变得更高。由于汽车更是一个私人空间,所以带着宠物也完全没问题。但由于公路系统建设的滞后,自驾穿越美国还存在着大量实际问题,也可能会遇到很多麻烦。这些不能由单纯一辆汽车讲述的细节,都通过与非实物展品的配合,由情景再现组成的信息组团加上斜坡版面上的文字说明,非常清晰地传达给了观众。

第一个场景和第二个场景的对比,呈现出美国交通运输工具的发展趋势。在这个阶段尚未建立起来的全国公路系统,在后面的板块中也有具体的介绍。这些板块连接起来,共同讲述了美国整个交通发展史的故事。这就是一种信息团块再嵌套的方式。再来看一下前面用货币举例的另一种信息组团方式,组合的货币陈列是一层嵌套结构,各单元组合的货币共同展示了完整的货币发展历史,而货币的发展历史与其他的信息组团,如市场的形式、主要商品的变迁、交易形式的变化再度嵌套在一起,形成了中国商贸历史的意义集群。

叙事展览的嵌套结构实际上是一种嵌套的意义集群(见图 3-16)。在以物为中心的展览中,这个模型以一个从单一物到物群再组合成意群的形式存在。在展品边界拓展之后,实物展品和非实物展品共同构成了叙事展览的基本语言体系。从单一展品到展品集群的嵌套是故事片段的建构过程,片段再次组合才能形成叙事展览的意义集群。与其他叙事媒介不同的是,叙事展览的片段之间并不是一个强逻辑结构。其原因在于,叙事展览中互相关联的故事片段通常是一种代表性情节。如果重新审视“车轮上的美国”这个展览,在我们分析的两个场景中,出现的人物并不具有具体的身份,而只是当时某地美国人的一种形象代表。而在小说或者电影中,故事片段建构的逻辑通常以一种强联结的方式呈现,故事的线索会由具有具体身份的一个或几个人来展示。叙事展览中的故事片段或者说情节,事实上是一种被总结概括之后,重构了的情节，而不像小说、电影那样是有血有肉的情节。因此，其构成的职能是一种弱逻辑关联的嵌套结构。

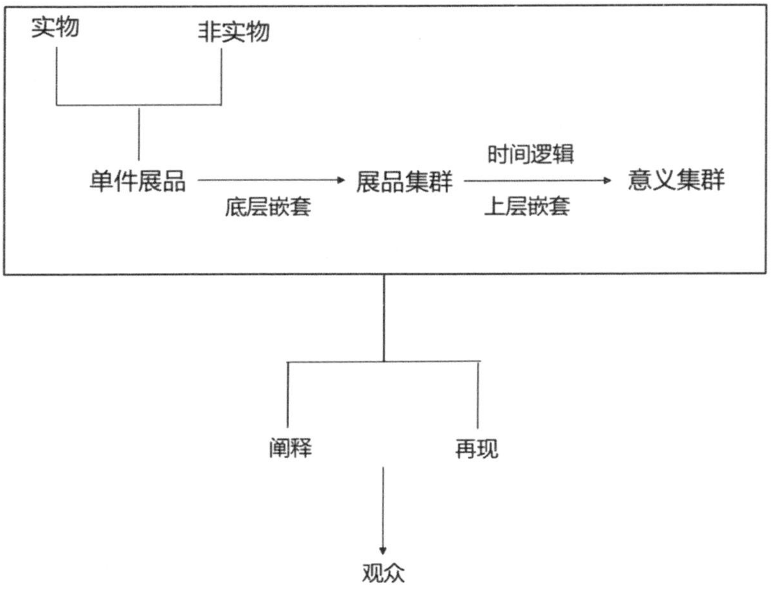

图 3-16　叙事展览的传播模型

(二)弱逻辑关联

展览是一个意义建构的过程，而叙事展览的建构是对叙事中故事的重构。典型的好莱坞商业影片通常都遵循最简单的线性叙事方式，观众对于影片紧凑节奏的需求使得其叙事线索非常简单，就像闯关游戏一样，这样的影片通常能够得到剧情环环相扣的评价。这里所说的环环相扣本质上说的是叙事逻辑的致密性，即事件前后有着必然的因果关系。像《碟中谍》(*Mission:Impossible*)、《达·芬奇密码》(*The Da Vinci Load*)、《古墓丽影》(*Tomb Raider*)，都是这种叙事方式的典型。电影的剧情通常都是主角遇到一个突然的危机或召唤，在单个地点(叙事空间)，每一个分支任务的完成能够局部揭开谜底或者揭示更大的危机，在叙事场景的转换中，前一个事件推动了后一个事件的发生(包括场景的转换)。在这种类型的电影中，每一个镜头都有着明确的目的(意义指向)，描述性镜头配合台词与配乐，精准地调动观众的情绪。在这种娱乐感官和追求商业利益最大化的电影中,通常不会有被浪费的事件,每一个事件都对整体故事起到功能上的推动作用。和艺术电影通常采用的缓慢叙事或弱叙事取向完全不同,商业电影的现状并不是导演的选择,而是市场(观众)的选择。所以当我们看到前一秒安吉丽娜·朱莉(Angelina Jolie)饰演的罗拉还在家里由训练师进行训练,下一秒就已经出现在古墓中进行探索时,不需要也并不会惊讶于这里时间和空间的断裂。

电影叙事在这里大量采用了画外空间的方式来进行交代,在保证逻辑严密的情况下,迅速地推进剧情。我们来举一个例子。如果一部电影中的角色从家里推门而出,接着就驾车驶入办公楼的停车场,不需要特别的交代,观众们就可以想象,这个角色是出门开车去上班了,至于开了多少路,驶过几个红绿灯,是不是经历了堵车,如果在路上没有发生对剧情具有推动作用的事件,这些内容完全可以被省略,称为画外空间。电影叙事通过画外空间的使用可以实现剧情的紧凑。当然也有一些电影需要通过人物的对话或者旁白来解释剧情,而不是通过镜头语言。陈凯歌导演的《妖猫传》在后半部分就出现了这样的问题,大量原本不交代也能够被观众理解的剧情,通过旁白和书信的方式来呈现。其效果就像我们前面举的这个例子中,从角色出门到进入车库的整个过程,将所有无关紧要的细节都表达出来。同样是表达路上的时间,在电影《爱乐之城》(*La La Land*)的开头就有一段堵车戏。这段戏一方面交代了故事发生地洛杉矶的日常堵车特点,同时也让男、女主角第一次相遇。这样的事件对整个剧情的发展有着至关重要的推动作用,正是这个事件,导致了女主角之后再遇男主角的时候,男主角并不热情的反应。

在《权力的游戏》第六季上映时,剧中人物的这种迅速移动还曾经引发影迷展开讨论:通过估算维斯特罗大陆的空间尺度,判断剧中人物所采用的交通工具是否能够实现影片中的时间线索,比如瓦里斯在弥林和多恩之间的瞬间来回。而在原著之中,詹姆士回到君临花了一整季的时间,劳勃骑马到临冬城也需要几个星期。很显然,导演在这里对画外空间已经到了滥用的地步,以至于观众产生了不合理的角色瞬移感。

好莱坞大片式的单线叙事方式虽然是电影市场上的主流,但也总是有导演希望在时间线的层面上做出新的尝试。诺兰就是典型的不喜欢线性叙事的导演，他的电影作品《记忆碎片》《敦刻尔克》《盗梦空间》都是典型的非线性叙事。这样的叙事方法在带给观众全新观影体验的同时，也引发了不少困惑。电影《恐怖游轮》(*Triangle*)采用了循环叙事的方式，女主角在一个时间环路中反复循环，电影的叙事驱动就在于打破这个时间循环。如果去翻一翻关于这部电影的评价，会发现最受欢迎的影评就是按时间顺序整理出来的剧情环路。观众所谓对这部影片清晰深入的解读，就是看谁能够把时间线整理清楚。所以循环叙事或者其他的非线性叙事方式虽然成为一种独特的风格为观众所喜爱，但是也带来了不少困扰。观众要理解整个故事的发展，还是需要通过自身解码，将其重新还原为线性叙事。这可能是因为人类生活在一个单一时间流向的空间中，这让我们对时间的认知和思考是与日常经验相吻合的。但即便是在《恐怖游轮》这样的环形叙事结构中，有大量的重复场景、重复时间、重复镜头、重复对白，每次呈现的镜头视角也都有所不同，对白也有所改动。事实上，这些重复的部分依旧是推动剧情发展以及帮助观众判断叙事逻辑的关键。

和商业电影的强逻辑叙事一样，小说也采用比较致密的叙事逻辑。在小说的发展过程中，当然也出现了不少松散的叙事结构作品，典型的就像《追忆似水年华》《尤利西斯》这样的小说。然而我们需要注意到的是，读者在阅读小说这件事情上，有着极大的主动权，一本书可以分不同的时间阶段，在不同的地点阅读，看不懂的地方可以跳过。关注剧情发展的读者可以跳过所有的场景描述或者并不重要的对话，而着迷于文字风格的读者也可以只专注于自己喜欢的文字段落而根本不在意情节。和电影这样商业化程度更高的叙事媒介不同，小说作者的自由度似乎更高一些，逻辑的紧密度也可以根据自己的创作习惯进行调整。

叙事展览的特殊性，尤其是历史题材的叙事展览的弱逻辑结构与我们对历史的研究、认知，以及展品的构成有着极大的关系。在传统的展示手段中，策展人可以使用的只有实物展品。但由于博物馆收藏有着很大的随机性，意外的考古发现、突然的捐赠、博物馆所在地的气候条件，都可能极大地影响博物馆的实物藏品构成。在南方的博物馆，我们经常可以看到以下的藏品构成。在旧石器时代有一批类似的石器，偶尔出现的史前人类和动物遗骸，在新石器时代除了石器之外,会增加一批原始陶器的收藏。先秦时期到秦汉时期通常是藏品数量的低谷,唐宋时期的藏品则以瓷器、佛像类的居多,在这期间如果有钱币发现,尤其是窖藏,则会有大量复品率极高的藏品。到明清时期,藏品的类型会丰富起来(且因时代较近,保存的可能性更大),同时会有大量的书画藏品,而从民国到新中国成立之间的展品通常又是一个低谷。一般来说行政等级越低的博物馆,其藏品的构成往往越容易呈现出较为严重的不均衡以及缺环。当策展人想要讲述地方历史故事的时候,总是会遭遇历史故事和藏品体系互不匹配的问题。

当我们把非实物展品放到和实物展品等同的地位,这两者的结合让叙事展览的信息完整情况有所改善。回到我们对历史的研究和认识上,我们目前所知道的,实际上都是历史的碎片,大部分的历史事实都消解在时间的长河中。展览中出现的前后两件展品或者事件,常常有时间上的先后关系,而未必有因果逻辑关系。

主导叙事展览的逻辑联系是很薄弱的。例如由于江南地区的赋税,越来越多的人从事蚕桑事业,一批专业江南市镇也因此发展起来。早期资本主义萌芽就发生在这个地区。从历史总结上来看,确实可以得出这样的结论,但这里面提到的每一个情况都是事件的集合体,而不是单一的具体事件。一个逻辑链的形成通常需要长时间跨度,所以叙事展览中的逻辑往往是一种宏大叙事下推断出来的弱逻辑关联。类似的案例还有浙江地区的一些文化发展,往往是发生在一些文人被贬谪来到此地任职之后,在宏大叙事的逻辑中,这总是很容易地被当作一个因果连接,但事实上,地方文化发展是多方面因素共同作用下的产物,很难从具体的事件中得出结果。类似的情况还有地域性格、地方特色的形成,例如常州儒雅的书卷气、越文化的精勤耕战传统、江南文人对于社会民生的关注、浙江以钱塘江为界的人群性格差异,这些都是事后的历史判断,而不是某单一事件的结果。

叙事展览弱逻辑现象的产生并不仅仅和展品序列的不完整/断裂有关。从实际的展览策划组织的过程来看,展览的时间尺度和逻辑紧密度成反比。也就是说,故事时间跨度越大的展览,逻辑越松散。大量地方历史展览从旧石器遗存一直陈列到 1949 年,会有数千到几百万年不等的时间跨度。例如长兴太湖博物馆的历史基本陈列,由于当地具有非常早的史前人类活动遗迹,展览的时间跨度长达100万年。在史前人类遗存的这一部分，展览的展品（不论是实物展品还是非实物展品）密度非常低，展品之间的时间跨度也很大。即便是一些没有石器时代展品陈列的历史陈列中，展览内容如果从先秦时期开始，时间跨度仍会有4000到5000年。在这样的一个时间跨度中，按照常见的历史展览空间尺度，最终呈现的展览如果以历史书来比喻的话，只能是一个极简中国某地方史。如果把目光放到更大尺度上的叙事，例如自然史，讲述地球生命故事类型的展览，从叙事的角度上来看，逻辑可能更薄弱。这一类的展览虽然会提供一个非常粗略的时间框架，例如从宇宙大爆炸到地球诞生，但对于真正发生在地球上的地质事件还是会用分类的方式展开，例如板块运动、地震、火山、地球矿物。不同的自然博物馆在讲述这些内容的方式和策略上会有区别，但都很少会以叙事的方式来组织展览。浙江自然博物馆安吉馆区的地质展厅和龙游博物馆的自然厅尝试了新的地质史展示思路，一改以往单纯从岩石标本和地质运动科普的角度进行陈列的方式，而是想要讲述观众脚下的这片土地是怎样形成的。从叙事的时间跨度上来看，这样的尝试要远远超过任何历史文化陈列的故事时间。根据20亿年时间跨度中零星的一些地质变化，展览只能勾勒出一个极其松散的浙江地质演变过程。

叙事展览的弱逻辑性让展览的叙事传播以一种粒子化的方式呈现，而小说和电影的叙事则呈现出一种波的形态，即事件之间有着紧密的连续性。如果以典型的三幕剧结构为例的话，可以认为小说与电影基本是一个致密的叙事过程（见图3-17）。尽管不能认为事件之间完全没有空隙，但基本上观众可以直接将这些时间在理解的过程中连接在一起。而如果把叙事展览中的每一个信息点作为一个粒子的话，粒子聚合在一起可以形成一个连续波动的趋势，但点和点之间仍是互相独立的（见图3-18）。点和点之间的距离越近，事件的连续性越强，逻辑也越紧密。

相应地，时间尺度越小，越有可能形成一个逻辑紧密的叙事展览。美国芝加哥科技与工业博物馆中有一个U505潜艇的展览，是一个典型的紧密逻辑叙事，更为独特的是，它是一个仅有一件展品——U505潜艇的叙事展览。就像是站在地质展松散叙事的对立面，单一事件可以形成的强逻辑叙事也属于叙事展览中的极端情况。

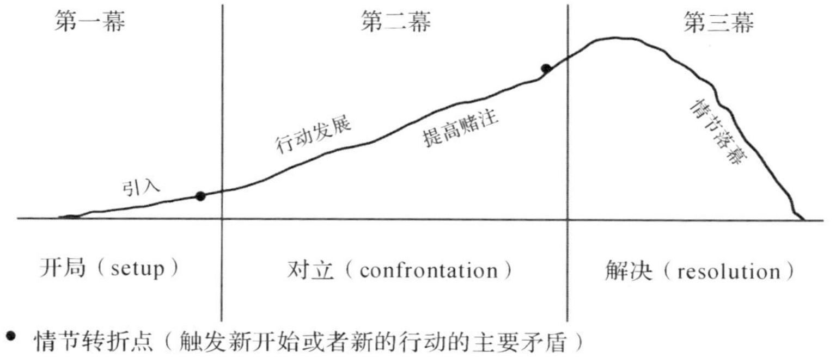

图 3-17 经典三幕剧结构

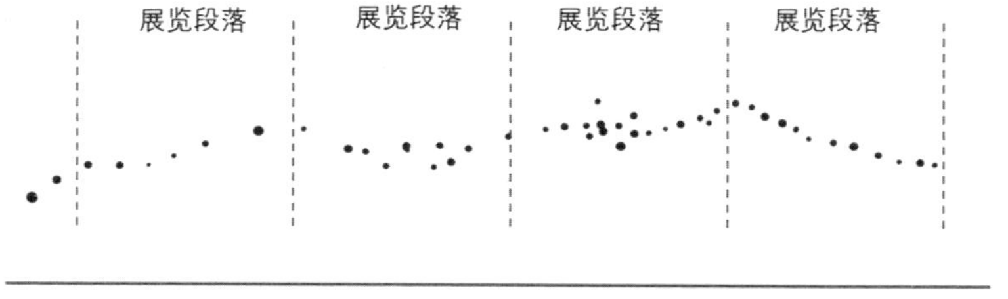

图 3-18 叙事展览情节发展结构

U505 是德军的一艘潜艇，于 1941 年开始服役。仅 1942 年，U505 一共击沉了 8 艘盟军舰只，对盟军的海上军事力量造成了极大的威胁。1944 年 6 月 4 日，U505 被美国海军俘获，1954 年被放入芝加哥科技与工业博物馆进行展出。U505 是美国二战史中非常重要的物证。从 1941 年造成入水到 1944 年被捕获，U505 的服役时间非常短暂。与动辄几千年的历史陈列比较起来，这样有着丰富研究资料的单一事件陈列有着天生的优势。

让我们按板块来梳理一下 U505 展览的内容：

“1942—1943 年 U505 潜艇的出现”（“The u-boat menace”）、“1944 年美国海军的回应”（“The US navy responds”）、“释放猎人杀手”（“Unleashing the hunter-killers”）、“任务小组的活动”（“The task group in action”）、“摧毁者护卫舰”（“The destroyer escorts”）、“舰长旦·伽利略”（“Captain Dan Gallery”）、“我觉得我们可以”（“I think we can”）。以上一系列的内容主要以图版的方式呈现，其中对海军在做出决策要捕获 U505 时候的作战室进行了情景再现还原，整

体是一个典型的按事件推进、展开的线性叙事。而展览的主要空间，就是唯一的展品——U505 潜艇。观众可以直接进入舰艇内部进行参观。参观的这个环节主要展现了舰艇上的生活（“Life on board a u-boat”），包括舰艇上的食谱（“Feeding the crew of a u-boat”）以及舰艇上的设备操作，例如利用潜望镜对海面进行观察。从叙事的角度来看，这个部分属于描述的手法，在 U505 内部呈现的内容，其实并不带有时间属性。船员生活的内容和舰艇操作的体验都作为一种平行关系展开，也并没有突出二战的主题。在参观的过程中，还有扮成舰长的工作人员向观众讲述船员的生活，或者带领观众进行参观体验。

以潜艇的体验参观空间为界限，展览的最后部分讲述的是 U505 被捕获后经历的测试、修复以及最后被安置在芝加哥科技与工业博物馆的过程：“最后的旅程”（“The final journey”）、“U505 在 50 年中因为天气原因所遭受的损害”（“Fifty years of weather damaged the U505”）、“附属结构强度的工程测试”（“Engineers tested the sub's strength”）、“为了更准确而进行修复”（“Restorers strived for accuracy”）、“1954 年的交付仪式”（“1954 dedication ceremony”）、“U505 的运输”（“The U505 move”）。作为一个单一事件，U505 主题展的时间跨度并不长，从 1942 年出现到 1954 年修复完成，交付成为博物馆展品，仅仅十几年的时间。展览呈现的信息密度非常高，其逻辑的致密程度几乎可以和电影叙事媲美。相比时间跨度巨大的地方历史文化陈列，单一事件的陈列通常时间跨度小，在相近的空间尺度下，单一事件的陈列可以呈现更多的事件细节。且由于事件的封闭性，发生过程有着明确的因果逻辑，而不像大尺度的历史宏观叙述，只能呈现一种非连续弱逻辑关联。

这样来看，叙事展览的传播模型是一种弱逻辑联系、非连续的嵌套结构。大故事套小故事的嵌套结构广泛地见于不同的叙事媒介中，但小故事之间的弱逻辑关系，以及小故事之间互相不能直接连接，这些并不受策展人的控制，是叙事展览中常见的。这种传播模型必然影响到叙事展览的叙事结构。

（三）跳层讲述

针对查特曼的叙事-交流情境图示，结构主义者最关注的是其中从隐含作者到隐含读者的叙事文本部分。这个文本可以是小说，也可以是电影。根据这个交流图示，不同的学者进行了分层。曼弗雷德·詹恩（Manfred Jahn）将叙事文本分成了三个层次,每一个层次都牵涉到其自身的信息发送者与接收者。詹恩将第一层次称为非虚构层,由真实作者与阅读作品的读者构成,两者都不在文本内,因此也被称为超文本层。第二层次为虚构中介层,由虚构的讲述者向指明或未指明的叙述接收者讲述故事。第三层次则为行动层,由故事中的人物之间互相交流。①

查特曼认为:必须区别真实作者与受众、隐含作者与受众;只有隐含作者与受众才是内在于作品的,才是作为文本的叙事互动的结构。真实作者与受众当然也交流,但只能通过其隐含的对应物。被交流的是故事,它是叙事的表面内容要素;故事又是通过话语交流的,话语是叙事的形式表达要素。

张婉真就真实作者和隐含作者进行了探讨。她认为真实作者在不同的情况下,可以是策展人,也可以代表一个机构或者一个文化的策展人或团队。隐含作者则可理解为真实作者在策划特定展览时采取的某种立场与态度。②叙事学家之所以要区别真实作者和隐含作者,是因为他们觉得隐含作者才是真正的故事讲述者。隐含作者是一个概念,不是一个真实的存在。真实作者的人格观念和隐含作者并不相同。当叙事作品存在,隐含作者就已经存在了。在叙事展览中,诚然如张婉真所分析的,隐含作者作为一个观念的存在,更像是展览的主题所指射的某一个身份。例如浙江省博物馆的历史文化基本陈列,其隐含作者是浙江历史,或浙江这个地域概念。只有这样才能对应隐含读者是博物馆目标观众的设定。

张婉真认为真实作者与隐含作者是可以明确界定的,但展览的叙述者相对是难以捉摸的。叙事理论所谈的叙述者,是陈述行为的主体。之所以难以界定展览的叙述者,是因为在其他叙事媒介中,叙述者是在行动层直接与受述者进行交流的。行动层的交流在叙事展览中并不常见,这是因为展览本身缺乏由具体角色人物来驱动的情节,代替角色的是那些实物与非实物展品。而展品之间很难进行直接的叙述交流。另外,展览中口述史的植入,让叙述者跳过了虚构中介层,直接和真实读者(观众)进行交流。这种情况在电影中也存在,即演员直视镜头,但这曾经是好莱坞电影叙事的禁忌。这种跃层叙

① 谭君强.叙事学导论[M].北京:高等教育出版社,2008:37-38.

② 张婉真.当代博物馆展览的叙事转向[M].台北:远流出版公司,2014:89.

事在新的影视叙事习惯中却成为一种新的风格。美剧《纸牌屋》（*House of Cards*）中，男主角弗兰克目光直接转向镜头，对着观众说话，成为这部电视剧的标志性镜头。另一部美剧《欲望都市》（*Sex and the City*）的第一季和第二季也曾经采用过主角凯莉直接转向镜头向观众提问的方式来讨论剧中故事。展览叙述者的这种跃层交流特性，让查特曼的叙事-交流模式不完全适用于叙事展览。在此基础上进行调整，叙事展览结构如图 3-19 所示。

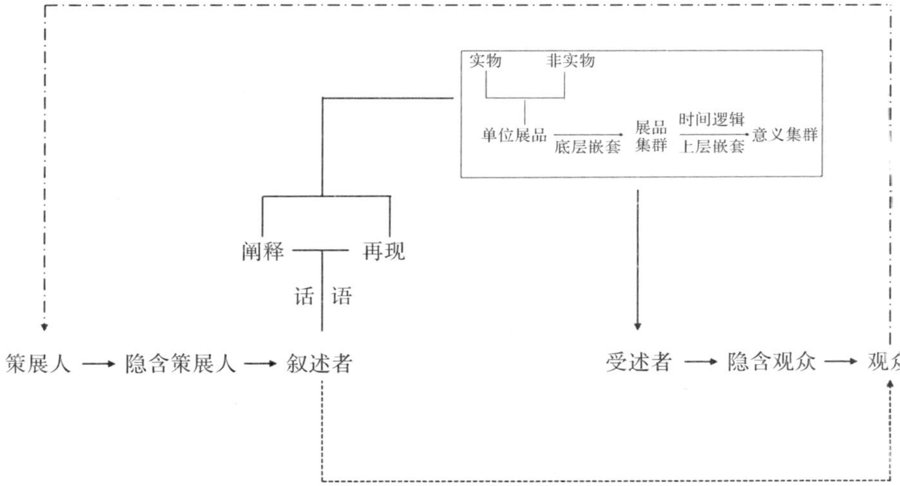

图 3-19　叙事展览结构

这个在叙事展览传播模型基础上发展而来的叙事结构，我更愿意称之为叙事展览的传播结构。在图 3-19 中，单个展品通过低层次嵌套成为展品集群，这个过程是展览故事片段的形成。从展品集群到意义集群的高层次嵌套，则是由时间线编织意义之网的过程。嵌套可以分为多个层次，但必须保证最高层级的嵌套是由时间逻辑组织的。而单个展品包含了实物展品和非实物展品，在叙事展览的意义建构过程中，非实物展品部分的陈列主要借助外部非特殊符号来实现。但这种有机的结合，本身已经成为叙事展览的一种特殊符号。从单个展品到意义集群的形成，就是叙事的故事。而故事的讲述，即话语，要由阐释和再现两个类型的展示方法来实现。

在叙事文本的外部，真实作者即策展人或者策展人代表的机构或团体，叙事展览一旦形成，就具备了隐含作者和隐含受众。叙事内部的叙述者可以向内部的受述者进行讲述，也可以跳层直接向真实受众（观众）进行讲述，叙事展览的叙述者即展品本身。展览叙事的结构不同于查特曼的叙事交流模式的一个重要特征还在于，这不是一个单向的结构。真实作者与真实受众之间可以直接交流，这让一个理想的叙事展览实际上是一个开放的可调整系统。对于叙事展览来说，作品完成之后，并不像小说或电影那样彻底脱离了作者。通过叙事内部和外部的对话，叙事展览的结构可以形成动态的信息流。

/ 第四章 /

展览的故事思维

一、叙事性的光谱

叙事展览总是存在诸多条件和制约因素，叙事展览也只是展览表达中众多类型中的一种，而不是唯一的选择。叙事性当然也并非叙事展览所独有。事实上，虽然叙事展览在结构上可以找到一个明确的判定标准，但作为叙事媒介，展览的叙事性拥有一个相当广泛的光谱。在这个光谱中展览故事化(storyness)的程度各异，形式也不相同。

叙事性并不是一个绝对的定量指标。如果直接比较两个展览的叙事性强弱，有比较强的主观性。崔莎·奥斯丁(Tricia Austin)在《叙事性的尺度》一文中提出了一个分析环境叙事性强弱的双轴象限。① 奥斯丁认为，要承认所有的环境多少都带有一定的叙事性，且同一个环境对不同的人来说，叙事性的强弱也有所差别。她以圣马丁艺术设计学院的叙事环境创意实践研究项目中对环境的分类为基础，将环境分为文化环境、商业环境和社区环境。文化环境是指博物馆、画廊和相关的公共空间；商业环境是指酒店、办公室和品牌体验；社区环境是指公园、公共广场、图书馆教育机构和医院。奥斯丁试着将不同的环境置入到四个不同的象限中，比较它们的叙事性强弱。可以看到，展览作为一类叙事环境有着相当强的叙事性。然而这个双轴象限依旧不能比较不同类型的展览环境的叙事性强弱。

虽然没有一个单一的指标可以衡量两个叙事作品的叙事性的强弱，但我们好像总是可以直觉性地指出哪一个作品的故事化程度更高。小说比叙事诗更有故事性，好莱坞电影比欧洲艺术片要更有故事性。故事内容、故事空

---

① Tricia Austin. Scales of Narrativity [M]//Museum Making: Narratives, Architectures, Exhibitions. London; New York: Routledge, 2012: 113.

间,以及读者的身体卷入度,都有可能为我们提供讨论故事化程度的视角。当我们讨论展览叙事性的时候,叙事性的强弱是很难避开的问题。并不是非叙事展览就没有叙事性,也不能断定叙事展览的叙事性就一定强于非叙事展览,叙事性的强弱也不是判断展览好坏的标准。展览的叙事性光谱是一个观察不同展览叙事性的相对位置的方法,当我们依旧不清楚叙事的边界在哪里,就无法在故事宇宙中定位出一个绝对坐标。

(一)时间维度:从大百科全书到格林童话

理查德·沃尔曼(Richard Wurman)认为信息的组织有5种形式:地点、字母顺序、种类、时间、等级。[1] 但如果要归纳博物馆展览组织的方法,就会陷入结构主义者的困境。博物馆展览类型虽然可以从内容的角度来进行分类,例如历史文化展、科学技术展、自然史展、军事展、瓷器展、珠宝展等,但即便是同类型的展览,也需要根据展品资源、展览目标、空间状况采取不同的方式来组织,所以很难对策展组织方式进行绝对原则性的归纳。一个好的展览策划和设计都应该是量身定制、独一无二的,即便讲述的是完全一样的内容,也可以有不同的表达方式。同质化的问题当然存在,尤其是在自然史展览的领域。由于科普的需要,似乎全世界的自然博物馆都在讲述相同的地球故事,从宇宙大爆炸、太阳系形成、早期地球环境、板块漂移到生命的出现和演化。相比展示人类社会文明的博物馆,如历史博物馆、考古遗址博物馆,这似乎是自然博物馆逃脱不了的宿命。但目前,在中国的自然博物馆新展览的建设中,情况正在发生改变,突出地方特色、差异化经营都是自然博物馆在考虑新展时的重点。连科技馆都在力图摆脱拼盘式的展览,希望能将人文要素加入到展览中。

结构主义者绝望地发现,想要用一套体系解释所有故事的叙述方式是一件徒劳无功的事。故事有无数的讲法,并且还会不断有新的讲法,展览组织的方法也没有办法完全穷尽。就像历史有各种不同类型的书写方式,有冷冰冰不带任何感情色彩的年鉴,有因《菲利浦二世时代的地中海和地中海世界》而名声大噪的年鉴学派,也有怀特主张的叙事主义史学。尽管史学和其他学

---

① Steven Lubar. Timelines in Exhibitions[J]. Curator: The Museum Journal, 2013(2): 169-188.

科一样，都面临着叙事转向的浪潮，然而这并不是一种范式要彻底取代另一种的范式，而是多种范式的并存。怀特所主张的叙事主义史学一开始的出发点，也是希望让更多的普通读者能够了解历史研究的成果。当然，不论历史采用哪一种方式来撰写，都不会直接决定展览的组织结构。

如果要从架构展览的方式上来对博物馆展览进行类型讨论，可以把展览分成叙事和分类两大类型。判断叙事展览的核心指标在于其一级框架是否采用了时间线构造的方式来搭建。但叙事和分类两种范式并不是截然分离的，即便是在一个展览中，展览的这两种范式也可以出现在不同层级的结构上。这样的互相渗透，也形成了不同展览在叙事性上的差异。从时间维度讨论展览的叙事性，实质上是在讨论展览内容的组织方式。

在回顾展览使用时间线的历史时，可以看到博物馆界对于使用时间线来组织展览这一方法始终有争议。时间线作为展览的组织原则出现得虽然并不早，但从 20 世纪开始迅速在博物馆界流行开来，甚至成为一种新的“八股”。后来，策展人转而回到纷繁复杂的分类世界，希望从中找到新的展览灵感。这种反抗显得有些极端。明尼苏达历史学会组织的“关于明尼苏达的一切(从 A 到 Z)”的展览，彻底跳出了时间的顺序。这个展览可以理解为策展人对于时间线的一次叛逆和挑衅，当然这种叛逆也相当有限“”from A to Z”是英语中的一个惯用表达，表示“包括了一切”，常常出现在一些指南性的出版物中。“从 A 到 Z”所代表的分类哲学，比时间线有着更悠久的历史。展览叙事性光谱的时间维度，弱叙事性的一端落在大百科全书上，而强叙事性的一端则落在格林童话上。这里并不是说展览展现了百科全书式的知识，或是格林童话里的具体某一个故事，而是两种截然不同的展览组织理念。大百科全书代表着一种条目式的，不追求任何情节，专注于说明的字典式展示；相反，格林童话则是简单线性叙事的代表，作为以儿童为主要读者的文本，故事线索往往清晰明了。

从某种程度上来说，所有的展览都是历史的。博物馆只能展示已经发生的过去和相当有限的当下，所有我们对于未来的展示，都只是已经存在的过去对于未来的猜测，而不是真正的未来。对于历史题材的展览，选择光谱两端不同的组织方式，决定了展览在叙事性上的基调。

海盐县博物馆历史文化基本陈列的展览组织方式似乎采取了一种折中

的方式,主题和时间在展览组织中呈现出一种纠缠和拉扯的形态,这为我们提供了一种地方历史叙事的新可能性。海盐县博物馆的历史文化基本陈列,以“海盐——嬴政二十五年”为题,在入口处设置了环形浮雕配合投影以5个千年为主题的影片,即“千年聚落”“千年盐都”“千年海塘”“千年港埠”“千年古刹”。这5个千年也是后面陈列的节奏重点,并且与展览框架“沧海桑田”“缘海而邑”“海上长城”“海上丝路”“文脉渊源”有很强的关联。

在单元图版上,观众可以直接看到“沧海桑田”对应了“千年聚落”(见图4-1),“缘海而邑”对应“千年盐都”。之后,“千年海塘”也以更大字号形成的更高一级视觉标题的形式出现在展厅中(见图4-2)。不论以5个千年,还是以“沧海桑田”“缘海而邑”“海上长城”“海上丝路”“文脉渊源”为展览标题,都是很典型的以分类主题为展览的组织方式,而不是叙事展览将时间线作为展览顶层组织原则的方式。

图4-1　海盐县博物馆图版(一)

图 4-2　海盐县博物馆图版(二)

展览的第一部分“沧海桑田”主要展示了海盐的史前文化。作为环太湖流域杭嘉湖的海滨一隅,马家浜文化、崧泽文化、良渚文化、马桥文化四个连续的新石器时期文化序列都曾出现在这片土地上。其中,2003 年列入中国重要考古发现的仙坛庙遗址在立面上有重点表达——“走进 5000 年前的文明”,用来和“千年聚落”呼应。

展览的第二部分“缘海而邑”主要展示了海盐从建县开始因盐而发展的历程。盐可以说是海盐的文化基因。展览的这个部分从秦王置县开始,但之后的内容又回到春秋战国时期的区域建制,然后以先秦、汉、唐、明清这几个板块讲述盐业的发展。这个部分在大的时间关系上和第一部分相承接,但在内部由于分成了建制的演变以及地区与盐业发展两个内容,时间上有一次往复,先秦时期和春秋战国时期在表述上的不统一也给观众造成了一定的困扰。

展览的第三部分“海上长城”陈列的内容主要是海塘工程。展览在这个部分的内容展开用了技术节点的变化,从土塘到竹笼木桩塘,再到陂陀塘和鱼鳞海塘。但在文字的具体描述上,仍然用了时间的概念。土塘对应的是从秦到隋唐,竹笼木桩塘对应的是唐天宝三年(744 年),陂陀塘对应了明成化十三年(1477 年),鱼鳞海塘对应的是明嘉靖二十一年(1542 年)。之后护堤的内容,对应的是清乾隆四十五年(1780 年),乾隆帝第五次南巡时发生的事件。

这个时间跨度基本上涵盖了中国古代的王朝时代。在海塘内容之后有一个海盐历代战乱列表,作为海防重镇的内容支持,时间跨度从东晋咸和二年(327 年)到 1863 年李文楚降清。之后,着重展示了 1976 年的杭嘉湖南排工程,时间跨度一直到 1999 年,南台头工程全线竣工。

第三部分与第四部分之间"大宋印信"的展示并不是太好判断其内容结构上的归属,似乎比较独立。

展览的第四部分"海上丝路"主要是宋代市舶司设立的港口展示,但后面直接跨越到了孙中山提出的东方大港建设,让人有些猝不及防。

展览最后的"文脉渊源"部分,主要展示了千年古刹金粟寺和天宁寺的佛教相关展品陈列,以及海盐历代名人的群体塑像。

地县级的历史是博物馆策划与设计当中很难处理的一个题材。邻近区域历史的相似性,实物藏品和历史文化资源在时间线上的分布不均衡,对于地方生活方式的深入研究、特色资源等的缺乏对策展人都是极大的挑战。海盐县博物馆的历史文化基本陈列,通过 5 个千年的方式,很好地突出了海盐县的历史文化亮点,以一种口号化的方式让观众生成了记忆点。对这些记忆点的提炼没有局限在传统的实物展品上,而是将海堤这样不可移动的文化遗产也纳入到了博物馆的展览中,但这样的展览组织方式也存在着一些问题。

第一,大跨度的时间多次往复。在非线性叙述中,观众总是倾向于重新整理时间线,以形成自己的叙事来理解整个故事的发展。在分类的展览中,每一个分类主题下常常会出现大跨度的时间往复,海盐县博物馆历史文化基本陈列的第一、二、三、四部分都存在严重的时间交叠往复,这种往复造成了视觉呈现和逻辑上的混乱。历史是从前往后发展的,这是大多数观众从日常认知中得出的经验,提炼主题之后形成的框架与观众原本的认知相冲突,会淡化历史文化基本陈列中历史的概念。这一问题在历史类的陈列中尤其突出。对于电影导演来说,对于时间线的乱序使用也需要考虑观众的接受度。当然,这种做法在可以淡化或者不需要时间概念的展览中并不会造成困扰。

第二,历史整体性的割裂。历史的发展是社会各方面力量综合作用的结果。因此,展览在谈及某一方面的发展例如市镇经济或港口贸易的时候,离不开当时的政治环境、生产力情况、文化取向。在历史叙事中,没有一个事件或者现象是绝对孤立的。当展览需要回答为什么这样的事件或者现象会在当时发生或出现的时候，必然需要将其与关联的诸要素共同呈现，才有可能让观众理解。海盐县博物馆历史文化基本陈列中对于5个千年的概括很容易让观众生成记忆点，但是却很难回答为什么会形成这样5个千年的问题。如果要回答，势必要把建制沿革、政治变迁、农业手工业的发展再讲一遍，这会造成展览的内容重复。在展示历史名人的区域，将人物集中在一起，固然可以突出某一地区历史名人数量众多的优势，但对于人物的陈列，如果脱离了其所处的历史时期及其所做的事情，就成为一个抽象的符号，很难让观众深刻理解某个人对于这片土地的贡献或重要性。不仅仅是事件和人物，实物展品在分类陈列中也很容易被剥离语境。虽然说实物展品在博物馆中本来就脱离了原来的语境，展览设计的过程也是一个重新赋予其语境的过程，但历史文化陈列中展品并不是单纯的审美对象，还是历史过程的实体见证者。同一件器物在不同的展览环境中也可以产生不同的解读。以历史文化陈列中的“千年印信”为例，根据印信的性质，可以从政治权利、军事权力、刻印材料、书法艺术、雕刻技艺等多个方面对其进行解读。海盐县博物馆历史文化基本陈列中的7枚大宋印信都是当时的水军将印，但是其陈列仅仅是用单体玻璃罩分别隔离，陈列在一片海的画面前，对于为什么海盐会发现水军将印，当时驻扎在这里的水军是什么情况，起到了什么作用，都没有进行解读。造成这种情况的因素可能是缺乏深度研究，但由于这一内容紧挨着现代治水工程，以及海盐历代战乱，观众实在很难把这几块内容有机地串联起来。千年印信所传达的信息，仅仅剩下流传时间久远。在一个比较理想的历史展览陈列中，人物、事件、物证应该结合在一起，以最大限度地显现历史的面貌。事实上，对历史割裂造成的问题，并不仅仅是让事件、人物都孤立起来，以及可能会产生的重复呈现问题，更大的问题是，历史发展的过程在这样的割裂中被消解了。

对于用主题分类的方式来组织历史文化展览所产生的时间往复和整体性割裂的问题，用叙事的方式在某种程度上可以比较好地解决，尤其是线性叙事的历史陈列，可以有效地与观众日常历史认知顺序相吻合，但这并不是说用叙事的方式组织历史展览完全没有问题了，其可能产生的问题主要表现在以下方面。

第一，特色资源不凸显。由于叙事展览对于系统性、完整性、过程性的重视，在完整的历史叙述中，一些特色资源可能因此被淹没在大量信息之中，这对实物展品的影响相对更大。对于实物展品的痴迷，让一些博物馆人固守着实物展品是博物馆展览中最核心的部分的观点，认为馆藏的重点藏品必须用独立柜系统进行重点陈列，从陈列语言中突出其重要性。在叙事展览中，实物展品扮演的是历史事件物证的角色，其与非实物展品共同组成的有机信息团块是叙事展览在陈列语言上的一大特点，而独立柜系统天然地切断了实物展品和非实物展品的连接。由于独立柜的陈列方式缺少信息展示面，对于展品的阐释很难展开，所以叙事展览较少采用独立柜对重点展品进行陈列。同时，策展人如果以叙事的方式对展览进行组织，往往会淡化重点展品的概念，而是以重点信息或是特色历史文化资源来营造展览的视觉高潮。在这样的陈列中，实物展品和非实物展品在展览中所起到的作用并没有高下之分，展览也通常不会赋予展品类似于镇馆之宝的概念。在这些因素的共同作用下，叙事展览往往容易被诟病缺少对于实物展品的重点表达，没有凸显博物馆馆藏中的重点展品，对馆藏资源造成浪费。

至于实物展品是凸显还是与非实物展品相结合，是策展人根据展览目的权衡的结果。在以审美为导向的古典艺术博物馆中，展览通常是以分类的方式进行架构，实物展品所附带的历史信息并不是展览想要传达的首要内容。而在叙事展览本质上是信息定位的展览中，能够传达实物展品所附带的历史文化价值才是真正对历史文化资源的最大化利用。由于对重点理解的偏差，分类主题的展览中要求进行重点陈列的实物展品，通常是具有比较高的审美价值或是文物市场价值的展品。但在叙事展览中，让策展人觉得重要的通常是能够例证历史事件，或者是携带了大量历史信息的展品。在这种情况下，古代人的生活垃圾可能比一件精美的贵族首饰来得更重要，能够解读出更多的历史信息。这也是策展人在进行叙事展览策划的时候与博物馆的工作人员经常产生意见分歧的原因。另外，不少观众对于博物馆展览的期待还停留在看宝、猎奇，让他们从展品的历史文化价值来理解展览，需要博物馆长期的引导。

第二，展览结构雷同。在世界版图中，中国是一个独特的文明体，如果比较美国和中国的历史展览，就会发现，美国由于建国时间短，国家历史各阶段特征明显，用叙事的方式进行展览组织不会有太大的困难。但同样的方法用于在中国做历史展览却面临着很大的挑战：长达数千年的连续文明体、地域广阔造成的区域差异和历史事件的纷繁复杂。简单的单线叙事往往不能满足综合历史文化陈列的内容需求。博物馆曾经用简单粗暴的处理方式，按照王朝发展的序列，从石器时代文化开始，进入历史时期就按王朝体系分阶段，每个阶段都按照政治、经济、文化的分类组织展览。不能否认这是一种叙事展览的结构，但却不是一个叙事性强的叙事展览。

同一区域内的文化总是有着强烈的相似性。例如在策划江浙一带的历史文化基本陈列时，文化同质性的问题非常显著。另外，江南潮湿的环境不利于实物藏品在漫长的历史进程中保存，这一地区的藏品体系断层明显，也是各博物馆，尤其是地县级的博物馆面临的共同问题。可以说，江浙环太湖区域是一个高度近似的文化共同体，并且面临着类似的藏品体系不均衡的问题。用叙事的方式常常需要面对雷同的问题，江浙一带的历史文化基本陈列很容易陷入同一个模式中。史前文化主要是马家浜文化、崧泽文化、良渚文化、马桥文化。整个先秦时期由于环境并不算太好，不论是保存下来的实物展品还是值得展示的历史文化资源都不突出。到秦朝，由于秦始皇设立郡县制，江浙一些地区开始建制。同时，从越人到越国以及吴越争霸，总是这一时期的主旋律。汉代，佛教传入，屯田制度实施，整个农业系统从象耕鸟耘到刀耕火种，再到精耕细作，也是这一地区的典型特点，同时发展的还有瓷器的烧造工艺。到了宋朝，皇室南迁，文化与经济中心转移，让这一时期的江浙文化有了极大的发展。之后明清时期，市镇经济兴起。历史陈列一般以鸦片战争或辛亥革命结尾，有一些会一直延续到1949年新中国成立。从展览的分段节奏上来看，一般都会分成史前文明、先秦时期、秦汉、唐宋、明清，也有部分会在后面加上中华民国直至1949年的阶段。从组成历史展览的要素看，也有着典型的模式，包括但不限于建制沿革、农业发展、手工业发展、俗文化与雅文化、世俗与宗教。这样的要素构成，加剧了江浙一带地区历史展览的雷同。

（二）空间维度：从克里特岛的迷宫到环球影城

不同叙事媒介的传播方式决定了受叙者接收信息的方式有极大的区别。而受叙者在这个过程中的行为方式在很大程度上影响了叙事传播的效果。在不同的信息接收方式中，受叙者（观众/读者）所受到的限制也不同，也就是说不同的叙事媒介在传播过程中强制性的程度是不同的。如果说展览是叙事王国的民主主义者，那么电影算得上是一个专制君主了。

小说只让人看到言语，电影却大大丰富了观众的感官。与感官体验的丰富相对应的是，感知的约束比支配书面叙述阅读的约束要多得多：影片在观众眼前放映，他们掌控不了时间，无法停止、倒回来或往前跑。观众坐在黑暗的大厅里，在一个限定的时间内面对银幕。观众的自由受到限制，尤其当我们想到不是一个人，而是集体看电影这个事实；弄出响声、朝银幕爬的行为很快就会受到压制。操纵音响、放映机是不可能的。必须全看全听，要不然就走出放映厅。在这个过程中，观众的状态可以视同被催眠或做梦。①

传统剧场的观看模式和电影的强制模式类似，观众屈服于强大的群体规范压力。这在观看话剧这种具有社会规范的活动中似乎尤为明显，不合时宜的交谈、鼓掌都被视作没有教养和礼貌的行为。在这种社会规范下，观看电影和戏剧的过程简直可以说具有宗教性了。这种强制性给予了电影和戏剧的创作者（导演）在叙事的灵活性与复杂度上极大的自由。经典的戏剧总是以三幕、四幕的方式以一种类似于规范性的结构呈现。而先锋戏剧导演则极力打破这种规范。电影就更明显了，在最基本的线性叙事的基础上，电影导演们挖空心思想要呈现出新的叙事节奏：嵌套、多线、多重选择、章节式拼贴。克里斯托弗·诺兰（Christopher Nolan）和昆汀·塔伦蒂诺（Quentin Tarantino）两位电影导演大概天生就对线性叙事有着极大的反感，甚至破碎的时间线成了诺兰电影的一种标志。

相比之下，小说叙事对读者的强制性就没有电影这么强。除非是在图书馆里不能被随意借阅的书，读者想在哪里看书是个人的自由。阅读的速度完全可以由读者自己控制。虽然说从前到后，一页页地翻阅可能是最常规的一种阅读方式，但不论是作者还是出版社都不会规定一个读者必须要这样去阅读。跳着看，只选自己想看的章节看，看了一段之后又回到前面重新看，在某一页上停留很长的时间，只看小说中的描述性场景，都是读者的自由选择。这就好像一些电影爱好者并不在意剧情，而是更享受导演的世界观设定或者

---

① 瓦努瓦.书面叙事·电影叙事[M].王文融，译.北京：北京大学出版社，2012：18.

电影摄影师的镜头运动、场面调度，甚至只是单纯地喜欢配乐或是剧中的某个演员。然而电影放映过程的不可控制性，还是让观众哪怕只想看自己关注的要素，却被迫接收了所有的电影信息，即使闭上眼睛，还是无法阻挡声音。一般也不会有观众在电影院里闭着眼睛“看”电影，阅读小说则没有这些问题。

在话语时间的方面，电影的长度完全由导演的剪辑来决定，看书则自由得多了。每个人的阅读速度有很大的差异性，中间也可能因为各种原因停顿，一本书花上几年的时间看完也完全有可能。或者说在看了开头之后，成为永远无法完成的叙事。小说的强制性虽然要比电影弱，但这完全没有影响作家对于叙事可能性的追求，有些作家对新的叙事形式的追求比电影导演更甚。

一部电影的时间线不论多复杂，在电影院里的观影过程仍然是单向线性的。对于影片播放来说，不存在放着放着突然倒回去，或者重复播放某一个片段的情况，除非影片本身就做了这样的设定，但这不影响播放时间线的线性存在，这是在胶片电影放映的时代就已经固化的播放规律。而小说却因为有着目录这个让读者可以直接总览全局的功能性部件，让作者比电影导演有更强的叙事实验自由度，加上读者在看不明白的时候，总是可以往回翻阅，或者反复阅读，这使得作者的自由度也变得更高。

叙事展览的弱强制性特点为叙述的完成度带来了极大的挑战。观众一旦进入展览的叙事空间，并不像被固定在游览车上的游客，所有的行为和视角都被限定死了，而完全是一个自由的状态。没有人可以预判，在一个空间里，观众究竟是先被什么吸引，会先看什么，而这个顺序在极大程度上影响了叙述的逻辑完成度。

相比阅读小说和观看电影的过程，博物馆的观众在参观展览的过程中几乎不受约束。对于观众来说，逻辑和自由，哪一个更重要？对于一个想用叙事来组织展览的策展人来说，这实在难以决择。给了观众自由，一个碎片化的叙事不仅不能实现故事在信息传播上的优势，还可能导致完全看不明白的崩坏结果；强调展览的逻辑，有可能被批评剥夺了观众自由选择的权利。同时，当观众带着不同的背景进入到叙事展览中，也为展览的传播结果蒙上了一层不确定的阴影。自由的行动路线、不受控的观察视角、各异的背景叙事等叙事展览中观众认知的特征，给叙事展览的传播完成带来了诸多的不确定性。[①]

通过动线来约束用户行为的做法事实上在商业世界里屡见不鲜。喧嚣的巨型商场里，运营者通过设定自动扶梯的运行方向使得顾客在每一个楼层必须走过更多的区域，停留更多的时间才能达到另一层。宜家（IKEA）商场一般都会分成陈列区和提货区两个区块，这代表了两种不同的动线逻辑与目的。在陈列区，顾客穿过一个个不同功能主题的样板房、产品陈列，事实上被控制在一个强制性相当强的动线中。如果中途想起什么，想要回到之前的区域，一般就得原路返回，固然有便捷通道可以走，但实际情况是经过便捷通道之后往往不知道身在何处，需要绕更多的路才能到想要去的区域。而提货区则变成了一个被编号的开放空间，顾客根据货架号去取想要买的商品，在统一的扁平化包装中，商品类型不再是分类的指标，动线的强制性也随之解除。

时间线在展览中面临着和小说以及电影完全不同的情况，它是由观众的自主移动来推动的。展览的参观过程是靠观众在行走与站立的交替间接收信息来完成的，这一行为模式由博物馆展览的空间形态造成。杰·朗斯（Jay Rounds）的研究表明，观众在展厅中的行走路线很难预测，基本上，他们是被自己的兴趣所驱动的。[②] 小说和电影的叙述形态都让观众以相对静止的方式接收来自叙述者的信息，这种受到行为限制的接收信息的方式，让叙述者更容易通过话语时间控制受述者理解内容的过程。对于想要用叙事展览来讲故事的策展人来说，当对展览故事没有预先了解的观众进入叙事空间时，如何让这些受述行为方式不受控制的观众按照展览的故事线来参观展览，成为最大的挑战。

对于故事的讲述来说，逻辑关联至关重要。观众遵循叙述者设定的逻辑链，用负担较轻的方式来理解展览的内容，这是叙事展览的传播优势。展览的叙事逻辑需要通过话语空间来展开，展览叙事性光谱中的空间维度所关注的实际上是对叙述逻辑的呈现。在空间维度的光谱上，叙事性弱的一

---

① 许捷．空间形态下叙事展览的构建[J]．博物院，2017(3)：41-48.

② Jay Rounds. Strategies for the Curiosity-driven Museum Visitor[J]. Curator：The Museum Journal，2004(4)：389-412.

端落在克里特岛的迷宫，叙事性强的一端则落在环球影城惊险刺激的室内过山车。

在希腊神话中，牛头人身的怪物米诺陶洛斯被关在克里特岛的迷宫中，雅典人定期献祭7对童男童女供其食用。雅典王子忒修斯带着一柄魔剑和一团线进入迷宫，杀死了米诺陶洛斯并顺利离开。克里特岛上的迷宫复杂到足以困住牛头人身的怪物，而一些博物馆的动线也足够迷惑大部分观众。也许在隐喻的层面，克里特岛的迷宫还不如博尔赫斯笔下小径分岔的花园让人困惑，但我想，前往博物馆参观的观众也不会特意带上一团用来找回来时路的线。在展览的动线设计中，最大限度的自由也意味着最大可能的无序。

在全球各地的环球影城（Universal Studio）里，叙事以室内过山车（ride through）的方式展开。《变形金刚》（*Transformers*）、《木乃伊》（*The Mummy*）、《小黄人》（*Minions*）这些电影中的剧情和场景设定，在过山车行进的过程中逐一呈现给观众。而观众被安全设施绑定在座位上，无处可躲，无路可逃，只能被带往未知的叙事旋涡中。这是比电影观看过程更具强制性的受述过程，游客接收故事的逻辑完全被设定好，甚至其身体也被同时禁锢在物理的实体中。游客们通过乘坐过山车，可以体验这些电影主题的过山车项目，但基本上都是选择了电影当中的几个经典场景，项目也并不能完整地讲述整个电影的故事。可以说，电影主题过山车项目是借用了电影的主题来加强过山车的某种体验，对于没有看过相关电影的游客来说，只通过坐过山车是没有办法对电影中的叙事形成完整的概念的。电影主题和电影场景只是加强了单纯过山车所能提供给观众的爬升、快速俯冲、旋转、失重感、惊险刺激感 。不同的故事氛围结合过山车本身提供的感官刺激，在游客的视觉和身体知觉上形成增强效应。不论是“木乃伊”这样利用了追逐戏形成的在暗空间中的过山车体验，并配合火焰、座位上的吹气装置让观众体验祭司的魔法，还是“变形金刚”这样让观众处在一个模仿车辆的空间内，穿梭于两个空间，通过沉浸式画面的配合来完成救人使命的任务设定，或者像“加勒比海盗”这样观众坐在一艘缓慢前行的船上，进入海盗的世界去探索，其本质都是借用了故事的外壳来加强过山车项目的娱乐体验。环球影城的室内过山车也许未必讲得了完整复杂的故事，但从叙事逻辑实现强制性的强弱来看，无疑正落在光谱的另一端。

小说和电影这两种叙事媒介的叙事完成都限定了读者(观众)接收信息的顺序,在其观影和阅读的过程中,话语时间是被控制的。叙事展览的逻辑附着在话语时间上,由叙述者编织而成。考虑到展览的空间形态,策展人对展览故事线的逻辑线索的编辑很难像小说作者或者电影导演那样拥有极高的自由度,可以将其编织得极为复杂。在展览的空间形态下,展览想要叙述一个完整的故事,需要观众遵从展厅空间内的预先设定行动。如果观众的参观行为打破了预设,那么叙事可能会无法成立,或者观众在接收到一堆叙事碎片之后,通过重新编码,形成了与策展人预设不同的叙事理解。这种新叙事的产生并非都是积极的。在历史类的展览中,观众历史认识的错误可能由参观路线和时间轴推进的错位导致,这背离了用叙事来架构展览的初衷。

在美国国家历史博物馆的不同展厅,观众对展览的入口和公共空间设计等有不同的喜好。在"车轮上的美国"("America on the Move")这一展览中,政策与分析办公室通过追踪走线观察到,观众有许多不同的参观路径,他们在展厅中漫步,经常往回走,去看他们已经看过的部分。① 可以看到,即便是一个叙事展览也并不一定能实现叙事传播,或者说实现展览预设的叙事传播。这也说明,从观众的行为特点和认知特征出发来建构叙事展览仍有大量的研究工作需要做。

给予观众充分的自由一直是西方博物馆界具有普遍认识的展览设计理念,在此理念下产生的诸多展览往往采用开放空间,不设定固定的动线,让观众自行选择参观的路径。在非叙事结构的展览中,这样的设定并不会对观众理解展览产生太大的困扰。一个精品定位的陈列中,先看青花瓷还是先看青瓷不会影响观众对展品的理解。但如果策展人希望从瓷器的发展来展示青花瓷和青瓷,那么先看到哪一件展品就决定了观众接收展览信息的逻辑。叙事展览对认知过程的逻辑要求和博物馆想要给予观众的自由保障产生了矛盾。在叙事展览中,只有当观众的动线和时间线的空间推进重合时,才有可

① 参见相关研究报告:"Multiple Perspectives on America on the Move at the National Museum of American History"(https://www.si.edu/content/opanda/docs/rpts2005/05.08.americamove.final.pdf)。

能完成一个完整的叙述过程。一方面，不受控制的观众参观路线打破了故事的讲述，让叙事展览无法成立；另一方面，观众也会困惑于展览想要传达的到底是什么。

有没有可能让观众在完全的自由中去发现自己的叙事，在展品之间没有逻辑关系的混沌之海中发现自己的叙事？这样的假设很难让人不想起无限猴子理论（infinite monkey theorem）。无限猴子理论是指：让一只猴子在打字机上随机地按键，当按键时间达到无穷时，几乎必然能够打出任何给定的文字，比如莎士比亚的全套著作。无限猴子理论来自埃米尔·博雷尔（Émile Borel）1909 年出版的一本概率论著作。[①] 无限猴子理论中的猴子并不是一只真正意义上的猴子，它被用来比喻一个可以产生无限随机字母序列的抽象设备。猴子精确地通过键盘敲打出一部完整的作品，比如莎士比亚的《哈姆雷特》，在宇宙的生命周期中发生的概率也是极其小的，但并不是零。这个理论说明把一个很大但有限的数看成无限的推论是错误的。让猴子打出莎士比亚全集当然不是不可能，只是概率很小。

在殖民时代迅速发展起来的大英博物馆收藏了来自全世界的藏品，可能是博物馆界最能够对应博尔赫斯所描绘的巴别塔图书馆的博物馆，其包含的约 800 万件藏品[②]，足以建构起世界文明史。大英博物馆在全球的经典巡展——“100 件文物中的世界史”，通过自己的藏品来建构世界史。2017 年，这个巡展在中国国家博物馆和上海博物馆举办，广受观众欢迎。观众每天在博物馆门口大排长龙，希望一睹这个展览。如果让一个普通观众在大英博物馆的约 800 万件藏品中挑选出 100 件来建构世界史，可以说是不可能的任务了。我们本来就沉浸在混沌的事件之海中。博物馆是人类重新审视自己的一种方式，必须认识到，由策展人来选择展品，无论选择讲述哪一个故事都必然有不完美的地方，然而，如果彻底把选择权交给观众，实际上是一种不负责任的行为。

---

① Christopher R. S. Banerji，Toufik Mansour，Simone Severini. A Notion of Graph Likelihood and An Infinite Monkey Theorem[J]. Journal of Physics A：Mathematical and Theoretical，2014(3)：035101.

② 源于大英博物馆网站公布的数据（https://www. britishmuseum. org/about_ us/management/about_us. aspx）。

二、展览的故事生产

(一)重新界定展品

实物和博物馆的关系可以追溯到文艺复兴时期。[①] 作为博物馆的核心工作,收藏伴随着博物馆的发展,正是从私人收藏走向公共化收藏奠定了现代博物馆诞生的基础。[②] 然而,今天博物馆收藏的概念与17世纪相比已经有了巨大的区别。当现代博物馆从珍奇柜(cabinet of curiosities)中萌芽的时候,收藏的性质和目的虽然让博物馆收藏文化、私人收藏文化泾渭分明,但收藏的对象却并没有太大的区别——通常是有实物形态的古物(antiquity)。这也是为什么一些历史悠久的西方的博物馆的馆名中至今仍保留了“古物”一词,例如荷兰国家古物博物馆(Rijksmuseum van Oudheden),其英文译名为“National Museum of Antiquities”。[③]

在国际博协2007年确定的现行博物馆定义中,博物馆收藏的对象是类及人类环境的有形遗产和无形遗产(heritage)[④],我国台湾地区的学者将“遗产”译为“证据”。在中文的语境中,“遗产”带有过去遗留下来的产物的意涵,而“证据”似乎又无法体现博物馆收藏对象的价值。不论是“遗产”还是“证据”,现行的定义中都加入了“有形”和“无形”的限定词,即博物馆的收藏对象不一定具备实物形态。在国际博协的《博物馆学关键概念》(*Key Concepts of Museology*)一书中,对于藏品(collection)的讨论特别提到了今天博物馆对于非物质遗产的关注,强调了更广义的收藏特性。非物质的藏品包括了民族学中的传统知识、仪式和神话,以及当代艺术中的表演和临时装置。这促进了新收藏机制的设计。[⑤] 面对新的发展趋势,国际博物馆协会正在主导对博物馆定义的第九次修订。从今天博物馆实践工作的角度来看,

---

① Steve Conn. Do Museums Still Need Objects? [M]. Philadelphia: University of Pennsylvania Press, 2010: 20.

② 严建强. 博物馆媒介化:目标、途径与方法[J]. 自然科学博物馆研究, 2016(3): 5-15.

③ 克努普, 许捷. 内容还是容器? 作为学科的博物馆学[J]. 博物院, 2017(3): 33-40.

④ ICOM Definition of a Museum [EB/OL]. [2018-09-30]. http://archives.icom.museum/definition.html.

⑤ André Desvallées. Key Concepts of Museology[M]. Paris: Armand Colin, 2010: 28

收藏的边界仍有进一步拓展的必要。如果将过往与当下、人类与自然的概念都囊括其中，不论是“遗产”还是“证据”，似乎都没有办法完全覆盖博物馆的收藏范畴，而不少社会记忆、自然现象又混杂了过往与当下、人类与自然，无法清晰地进行切割分类。

收藏工作只是博物馆化（musealisation）的第一步，博物馆化也不仅仅是将一个对象简单地置于博物馆的物理范围内。[①] 安德鲁·马尔罗（André Malraux）认为博物馆化的过程始于分离[②]，事和物（真实物）与其原始语境分离，成为其曾经所属于的真实而作为文献被研究。博物馆物不再是被使用或交易的对象，而是现实的真实证据。[③] 在尚·达瓦隆（Jean Davallon）这样的符号学家看来，博物馆化过程中对博物馆物的选择，让博物馆物与其说是一种物理的实体存在，不如说是一种符号学语言的存在。所以，博物馆物可以仅仅作为一种符号存在。但是在展示中，它就不仅仅是一个符号，更是一个可以被直接感知的存在。[④]

19 世纪末 20 世纪初所建立的博物馆基于一个假设——观众能通过视觉观赏展出的实物而获得知识和教育，琳琅满目的展品会让游客无暇去做其他事情。但这只是个理想状态。紧接着，一些博物馆开始增加解释性标签、图表和示意图来帮助观众理解展品。从 20 世纪 20 年代开始，人们开始进一步怀疑展品简单清晰地传达信息的能力。越来越多的博物馆开始增加教育项目并邀请教育专家为公众服务。[⑤] 可见，博物馆人一直在寻找可以更直接与观众进行沟通的工具。当收藏的边界不断地拓展，简单地将展品放置于博物馆展览中的所谓陈列并没有真正完成博物馆化的全部工作。如果陈列仅仅是为了让观众看到，那么图书、纪录片、在线数据库都可以完成博物馆的工作。藏品边界拓展带来的问题并不仅仅是传统实物陈列手段无法直接陈列非实物展品的尴尬，面对展品性质的改变，展品陈列的组织原则也需要随之改变。如今，记忆、现象都成为收藏和展示的对象，实物展品的展示同样也是

---

① André Desvallées. Key Concepts of Museology[M]. Paris: Armand Colin, 2010: 51.

② Jean-Pierre Prévost. André Gide et André Malraux: l'amitié à l'oeuvre[M]. Paris: Gallimard, 2018.

③ André Desvallées. Key Concepts of Museology[M]. Paris: Armand Colin, 2010: 51.

④ André Desvallées. Key Concepts of Museology[M]. Paris: Armand Colin, 2010: 527

⑤ Steve Conn. Do Museums Still Need Objects? [M]. Philadelphia: University of Pennsylvania Press, 2010: 25-26.

为了表达其所代表的记忆和事件。这些记忆和实践串联在一起,才有可能产生意义,否则就只是孤立的信息碎片。这种对展品的重新界定,要求展览再度赋予展品新的语境,对于叙事的需求也由此产生。放在文化记忆的理论框架下,展品正是叙事中的故事,叙事展览不仅仅在生产故事,也正在生产文化记忆。

随着博物馆化的拓展,博物馆的收藏对象从物质文化遗产向非物质文化遗产拓展,非物质文化遗产本质上是以人的文化行为为载体的过程性现象。[①]展览所讲述的故事,并不是单纯只围绕着文物,而是物质文化与非物质文化、自然遗产和文化遗产共同钩织出的意义网络。展览不论要讲述人类的故事还是地球的故事,都需要这些不同类型的博物馆物共同出演不同的角色。可以说,在展览的故事体系中,不同类型的博物馆物就是故事本身。但不得不承认,在很长的一段时间里,实体的展品或者说我们熟悉的文物仍旧是展览故事的绝对主角。在不成文的展品等级体系中,自然遗产、非物质文化遗产位于等级体系的下端。不少博物馆,按照物质的、非物质的、文化的、自然的形成了以展厅为单位的区隔。从这个角度来说,展览新故事的产生,需要破除博物馆现在对于展厅主题与内容的常规分类。人类世的概念虽然还没有获得地质史学界的广泛认可,却提醒了我们人类在整个地质年代中的位置。仅仅把展览故事聚焦在文物上的现象背后,隐约可见人类中心主义的身影。

(二)从时间线到故事线

刘易斯·芒福德(Lewis Mumford)认为,现代工业的关键机器不是蒸汽机,而是钟表。钟表把时间和人们的具体活动的时间分离开来了,帮助人们建立这样一种信念,即存在一个独立的、数学上可度量其序列的世界。[②] 但是,钟表只是时间的表象,而不是时间本身。

现代人对时间线的感知就像是呼吸那样理所当然。但事实上,时间线的现代形态——简洁的一根轴线,配上年代日期的规则分布,每个位置布局都

---

① 严建强,毛若寒.博物馆化的拓展:原因、进程与后果[J].东南文化,2020(2):135-142,191-192.

② 芒福德.技术与文明[M].陈允明,王克仁,李华山,译.北京:中国建筑工业出版社,2009:15-16.

经过衡量考虑——实际还是相对较近期的发明。按这种严格的定义标准去理解，时间线的生命那就甚至还不满 250 年。①

如果从时间的角度来理解博物馆的参观，可以说观众在博物馆的时间线中穿越了历史。时间线要比真实的事物更有效，它可以人为地让我们转换速度和注意力，我们可以将视野放大或者缩小，到几天、几十年、几千年。时间线可以重点标示先后关系、因果关系、线性发展。② 对大部分的策展人和博物馆观众来说，时间线是一种自然且直观的呈现和理解过去的方式。观众参观展览的过程就好像是重现了历史时刻。当观众从展览的开头走到结束，就好像以一种隐喻的方式，从历史的早期走到晚期，从故事的开始读到结尾。

时间线提供了一个强大的呈现历史的框架，但值得我们警醒的是，它同时也带来了一系列的假定：历史的叙事结构、年表理解的首要性和历史发展过程。它就好像穿越历史到达现代的一条小径。更重要的是，时间线将这些假定很好地隐藏了起来，看起来非常自然。③

历史学家海登·怀特写道："叙事可以被认为是解决人类普遍关心问题的一种方法，换句话说，是指如何把知识转变为讲述。"对于展览来说，这也是个不错的描述。怀特指出，时间顺序叙事的表象，是把讲述者从故事中剔除了，看起来是历史在讲述其自身，就像已经发生的事情一定会发生。叙事有着一个好故事的外壳，看起来很客观，事实上却推动了一种散漫的事件模式。叙事历史讲了一个有说服力的传说，看起来真实且不可避免，它让人们很难想象事情如果不这样会是怎样。

博物馆观众体验的时间线和真实历史时间之间存在着巨大区别。在现实生活中，我们无法看到接下来会发生什么或者之前发生过什么。时间线确保了全知视角，让历史看起来无可避免。过去看起来是明显、自然、只有唯一解释的。时间线让我们认为，发生的事情是必然会发生的。它代表了辉格史学派的理念：过去必定沿着一定的路径到达当前，展览的时间线消除了那些

---

① 罗森伯格，格拉夫顿．时间图谱：历史年表的历史[M]．杨凌峰，译．北京：北京联合出版公司，2020：15．

② Steven Lubar. Timelines in Exhibitions[J]. Curator：The Museum Journal，2013(2)：169-188.

③ Steven Lubar. Timelines in Exhibitions[J]. Curator：The Museum Journal，2013(2)：169-188.

被做出的选择。

尽管时间线是搭建叙事展览的基本工具,但只有当时间线转化为故事线的时候,叙事才可能真正成立。这个转化的过程需要对时间线进行情节化。博物馆讲故事,可以通过建构叙事展览的方式,即让整个展览的结构逻辑按照故事线发展的方向组织。这种在展览结构层面讲故事的方式,对于历史或单一事件主题的展览能够有比较好的效果,但其要求顶层框架用时间线架构,展览内容具有逻辑上的一致性。如果我们放宽对叙事定义的边界,对于缺少明确时间线的展览内容,情节化可以形成类故事的逻辑。哈尔滨工程学院的工程文化博物馆就做了这样的尝试。

工程文化博物馆的主要展示内容由学院的四大支柱专业——机械、汽车、测绘、路桥构成,这个限定前提让展览很难以叙事展览的方法建构。虽然展览整体结构上无法构成叙事,但策展团队仍然用了情节化的方式,把四个专业通过一条松散的逻辑线索串联在一起,避免了四块内容平行的分类结构强化展览的工程技术意味(见表 4-1)。

表 4-1 工程文化博物馆展览框架

主题关键词	一级框架	二级框架
工程文化、机械、汽车、路桥、测绘	机械工程	工具与机械
		机械电气化
		机电一体化
	汽车工程	汽车的历史
		汽车的设计与制造
		汽车的维护与保养
	测绘工程	地球的肖像
		数字地球
	路桥工程	道路工程
		桥梁工程

人类形成后,不再像他们的动物祖先那样通过改变自身的行为来适应自然,而是通过改变环境使之符合自己生存的要求。这个改变环境的工作就是

工程。从这个意义上说，工程建设反映了人类生存方式最本质的特征，所以工程文化的故事从工程之母——机械开始。机电一体化是现代机械工程的发展趋势，数字化、智能化让机械制造更加精密，机械也不再冰冷无情，它与生命结合在一起，也关注着产品的环保问题。汽车是典型的机电一体化产品，机械工程对精密、高效、智能、环保、以人为本的追求，在汽车中得到了充分的体现。汽车交付到驾驶者手中之后需要在平坦通畅的道路上行驶，但是在建造道路之前，需要进行测绘工作。在道路的通车典礼上，我们往往看不到测绘人的身影，他们是一群默默奉献的幕后英雄。测绘工作完成之后，人们开始修建道路。土路、罗马大道、马路、高速公路这四种道路以及路上行人状态的变化，揭示了道路的发展其实反映了人类文明的先进程度，这条从机械发展到机电一体化的典型产品——汽车，汽车要在路上跑先要测绘，测绘完后建造路桥的展览线索。

严格来说，这并不是一个故事，仅仅是几个弱连接的情节。展览整体的情节化并没有为阐释科学文化提供太大的直接帮助，但是这种弱连接把四个专业的内容有机结合起来了，为展览在局部进行叙事提供了基础。

博物馆的展览是一种多层嵌套的叙事结构。展览整体结构层面虽然不能形成叙事，但并不影响展览在一些局部中讲述小故事。工程文化博物馆的四个单元都用了讲述一小段相关技术史的方式来开头，而这些故事在讲述时的重点选择，决定了展览是重点传播科学文化四个层次的外层还是内核。在机械工程的技术史展示中，展览抓住了从畜力到化石燃料再到电力的动力来源变化节点，突出了工程师对机械动力部分效率和精准控制的追求。汽车的技术发展史强调了后视镜、安全带等汽车安全与人体工程设计出现的节点。测绘的历史突出了人类对自己所处空间不断加强准确认识与对未知空间的探索，虽然测绘仪器越来越先进，但测绘人作为工程先驱在外野工作的辛苦状态依旧如初。路桥工程则表现了从土路到公路的变化中，人们日益改善的交通体验。

这种对于科学文化内核的展示与对技术、物质层面外层的展示并不冲突，例如在路桥工程所在单元按时间展示四种道路对行人出行方式影响的同时，也展示了四种道路的剖面结构，以阐释道路建造技术的进步。如果用科学文化的四个层次进行比照可以发现，剖面模型这样的单体很容易表达物质和行为层面的内容，制度层面的内容由于展览的信息重点选择未进行表达，价值观信息则需要借助一组展品的整体叙述,观众通过对比后才能获得。单个展品或展项如果要通过讲故事的方式传达价值观或制度层面的文化,则需要通过展览借用其他的叙事媒介,例如文字、视频来实现。

(三)复合媒介表达

实体空间是叙事展览区别于其他叙事媒介的主要特征。虽然以主题分类组织的展览也存在于实体空间之中,但叙事展览的实现需要将故事的时间线放置于叙事空间中。单纯对实物展品的陈列虽然具有空间形态,但并不足以形成一个叙事性强的叙事空间。叙事展览的不连续性和非实物展品的媒介化表达决定,叙事空间需要采用多种手段共同建构。如果把小说叙事和电影叙事都视作单一叙事媒介,那么叙事展览就是一种复合叙事媒介。叙事展览包含了多种叙事媒介,通过展览的话语空间对这些不同叙事媒介进行组合,形成了叙事展览作为一种复合媒介的独特样式。复合媒介的特性让叙事展览的叙事空间营造有了更多的可能性。

把小说、电影视作单一的叙事媒介并不难理解,但在小说和电影的发展中,这两种媒介的单一性也并不是那么单纯。小说向受述者进行叙事的核心工具是言语系统,也可以在印刷的书本中加入绘画、照片这样的图像叙事媒介,用以提高言语叙事的完成度。图像叙事的加入让小说作为单一的叙事媒介不再那么纯粹,如果进一步增加图像叙事在小说中的数量并强化其作用,叙事媒介的性质也将发生变化,成为连环画或是绘本,从一种言语符号的叙事变成彻底的图像叙事。但较低限度的媒介渗透并不会改变小说以言语符号进行叙述的媒介本质。小说从单一叙事媒介到混杂入其他叙事媒介的过程,可以看作是从小说向图书转化的过程,图书作为一个信息载体,本身包含了类似于出版信息、序言、作者简介等不属于小说叙事的成分。

而在电影发展的历程中,其他叙事媒介的渗透和对外部符号的引用更为显著。一部影片实际上是由"众多代码建构的网络"组成,这些代码中有的是电影特有的(只在电影中使用的),可以称为电影的特殊代码,还有一些不是电影特有的(可以在别处使用的),则称为非特殊代码。[①]

---

① 瓦努瓦.书面叙事·电影叙事[M].王文融,译.北京:北京大学出版社,2012:35.

在默片电影时期，电影的特殊代码只有二维的动态画面。而字幕、分段（集）、有声旁白开始加入到电影中，可以认为是小说叙事对于电影叙事的渗透。字幕是一种言语符号，分段则是小说中的章节概念，旁白是一种言语表达。

电影叙事的特殊代码主要是摄影机的运动、景别变化、画面剪辑、画外空间的利用。[①] 远景、近景、特写和影像的交替蒙太奇，这些都是观众非常熟悉的电影语言，都属于电影特殊代码的具体表现。电影叙事的特殊之处就在于不停地利用画内和"画外空间"既是一种可能也是一种束缚。但今天的电影对外部的非特殊代码依赖程度非常高，尤其在成熟的好莱坞电影系统中，很多非特殊代码已经成为对一部影片进行意义解读的重要因素。

对于叙事展览来说，其特殊符号正是展品，如果说具有空间形态的实物展品是叙事展览区别于其他叙事媒介的核心，那么非实物展品的呈现和表达则需要大量借助其他叙事媒介，让外部非特殊符号和实物展品（特殊符号）一起，共同构成叙事展览的意义网络。叙事展览是一种包含了多种叙事媒介的复合型媒介，这也是它区别于其他总体上呈现出单一特性的叙事媒介的地方。

尽管展品在叙事展览中占有重要的地位，但仅仅靠不会说话的"物"很难构成一个有效的叙事。我们所熟悉的故事形式中，都会有一个主角，通常这个主角是人类，但也可以是拟人化的物或动物。然而展览里的主角让位于展品，故事中的人物通常不会直接出现在展览中。应该说，当展览以叙事展览的形式构建时，最主要传达的是故事的内容，展品作为故事内容的重要载体是展览中非常重要的一部分，但展览的其他传播手段将帮助叙事逻辑的形成。除了展品这一本就具备了空间实体的叙事媒介以外，叙事展览的实现还需要对符号系统的阅读与聆听、视觉系统对辅助展品的观察，以及对体验装置和操作装置的参与。

符号系统的阅读与聆听对象包含了展览的文字标签、图文系统、听音系统，这种叙事方式本质上是小说叙事在展览空间中的变形。由于展品系统本身无法发声，观众对其的解读需要借助其他的展览手段，同时展览中的视觉辅助系统（场景、模型、雕塑等）包含的信息也有一定的不确定性，叙事展览依

---

① 瓦努瓦．书面叙事·电影叙事[M]．王文融，译．北京：北京大学出版社，2012：37．

旧离不开文字这一符号系统来辅助叙事的完成,填补展品和视觉辅助系统在逻辑链上的空缺。

视觉辅助系统通过再现造型系统赋予展览叙事情态,或采用视听媒体表现连续变化的过程。再现造型系统的视觉表达在叙事学的框架下很接近戏剧的表现,视觉辅助系统更能够呈现展品所无法表达的大尺度空间,是集体记忆呈现的良好载体。视频系统同属于视觉辅助系统,但与再现造型系统的区别在于,不论是展品还是情景再现,或是沙盘、微缩模型,所能呈现的都只是叙事中的一个静态片段,还需要通过一个连续序列的组合来形成类似于连环画叙事的系列。而视频系统类似于经典叙事媒介中的电影,为连续变化过程的呈现提供了可能性。

叙事展览是一种空间形态的复合叙事媒介。观众在展厅空间内的行为高度自主,这样让叙事展览的受述者呈现出与其他叙事媒介完全不同的认知特征,使展览强于表达,弱于叙事。但也应该看到,正是空间的形态,赋予了观众多感官的沉浸式的体验,以及小说和电影都无法实现的新的体验的可能性。

文字符号系统

前面谈到了展览是一种弱逻辑的非连续嵌套结构,在实际的参观过程中,故事时间尺度越大的叙事展览,往往逻辑结构越松散。从日常的观展经验我们也可以得出,博物馆系统的展览对于文字符号系统的依赖程度非常高,即便是在不一定要让观众理解的当代艺术展当中,文字依旧是展览不可或缺的要素。展览中最低限度的文字符号系统是展览说明牌,通常还附带了展览标题。每一件展品的展览标签可以说是展览中文字系统的最小单位了,在目前的主流博物馆展览中,不论展览是不是叙事类型的,一般都会配备基本的展品标签。有策展人提出取消所有的展品标签,保持展品的纯洁性,完全让观众自己去理解展品。他们认为,展品标签是一种对展品理解潜在的污染。很可惜的是,博物馆中的展品都是脱离了原生语境后被置入新的语境的,如果说对展品的解读是一种污染,那么将展品放置在博物馆空间的时候,这种污染就已经产生了。在叙事展览中,最理想的情况当然是展品组合在一起的时候能够形成自我叙事,可惜展品并不会讲话,自我叙事的产生对观众有着很高的要求。所以叙事展览的叙述,其实对文字有着很高的依赖度。展品不能自我表达的故事情节——谁在什么时候生产了它们、使用了它们，它们的流传关系是怎么样的，这些都需要依赖展览中的文字系统来说明，而文字系统本身是书面叙事的特殊符号和基本方法。当然，仅仅用展品标签很难完成叙事展览，文字符号系统主要用于建构叙事展览的阐释空间。

展览名字就像小说的题名一样，让观众对展览形成第一印象和参观的驱动力。展览的分段系统，例如展览的历史分期、单元小节的层级设置，就像小说的章节一样，帮助观众形成参观节奏。单纯的展品说明牌也无法完成展览叙事，否则参观展览就变成了纯粹阅读文字的过程，文字符号通常和图片、展品互相配合使用。在必要的时候，还需要用前言文字、单元小结等概述性文字来帮助观众理解。

尽管叙事展览应该尽可能用空间视觉的方式来进行呈现，但叙事展览中的展览文字本就是一个叙事文本。张婉真对展览的叙事分析，也正是将其还原为文本进行的。从工作流程的角度来看，一个叙事展览由展览策划文本发展而来。从这个角度来看，文字符号系统不仅高度渗透到叙事展览中，甚至可以说是叙事展览的基础骨架。

实物展品不会说话，不管是用阐释还是再现，叙事展览的完成都离不开展览文字，叙事展览中的空白要靠文字来进行连接。在展览信息的传播中，展览文字是最高效实现实物展品阐释的工具。美国博物馆界对展览文字相当重视，从 2008 年开始设立“展览标签写作卓越奖”。图 4-3 的这段展览文字

图 4-3　“凶手的死亡陷阱”图版

是2015年的展览标签写作卓越奖获奖作品。[①]

> 发出恶臭的死亡乳齿象是难以抗拒的。凶猛的狼群是捕食性动物,它们也不想错过如此易于到手的美味。一只接一只狼跳进沥青坑,它们也一一被困其中。腐肉吸引着剑齿虎、土狼、非洲狮、秃鹫和乌鸦。这些捕食性动物和食腐动物最终都看到了自己的结局——被困于沥青坑。

这段洛杉矶自然历史博物馆拉布瑞亚沥青坑户外图版上的文字,生动地描述了在一个沥青坑中会发现乳齿象、土狼、剑齿虎、非洲狮、秃鹫和乌鸦的可能画面。静态的动物化石无法传达的信息,通过这段文字,就像纪录片一样,让观众产生了画面感。

展览文字的写作不能等同于文学创作,而是基于科学事实的科普写作,但这并不意味着展览文字的写作要放弃文学性。优美洗练的展览文字,能够帮助观众更好地进入到展览故事的情景中,提高叙事展览的故事化程度。

情景再现

叙事展览中非实物展品的呈现需要借助情景再现的方式,这里说的情景再现包括了等比场景(diorama)、微缩模型、放大模型、剖面模型、幻影成像(景)、雕塑等。叙事展览对戏剧叙事的借用主要是用于再现空间,根据需要进行不同空间尺度的情景再现是博物馆针对非实物展品进行陈列的重要手段。这些情景再现与展台、展柜共同构成信息团块。

剧场、戏剧理论在博物馆展览中的应用并不是什么新鲜事了。许瑞容关于将贝托尔特・布雷希特(Bertolt Brecht)的戏剧理论介入博物馆展览的研究让很多研究者发现,博物馆展览和戏剧有着很大的共通性。[②] 许瑞容的研究更多的是将剧场理论的哲学引入博物馆展示中,而事实上,博物馆展览已

---

① 历年获奖展览文字参见:https://www.aam-us.org/programs/awards-competitions/excellence-in-exhibition-label-writing-competition/。

② 许瑞容.博物馆展示的本质:以布雷希特的戏剧理论观点出发的展示美学[M].台南:台南艺术学院,2001.

经将剧场作为一种形式纳入展示中。

虽然说微缩模型、等比模型、放大模型、剖面模型的尺度变化更像是电影叙事中景别的变化，从远景到中景、近景、特写以及跟随镜头的运动，但情景再现的实物形态以及观众从外部以第三人称视角进行观察的叙述模式，本质上更接近于一种固定舞台的戏剧叙述体验。更不用说展览中活态演示的小剧场以及幻影成景(像)，基本可以说是戏剧在博物馆里的直接呈现。多幕幻影成像更是直接借用了多幕剧的概念，将戏剧舞台整体搬进博物馆中。如果说幻影成景还是虚拟的人物影像和实体场景(微缩的或等比的)的结合，那么芝加哥科技与工业博物馆中的动态火车模型将动态微型剧场的这种古老而经典的装置在展览中发挥到了极致。

在芝加哥科技与工业博物馆的展览中，有一个专门的火车与铁轨展室。在这个玻璃房子里，博物馆会员可以从下部的门进入巨型的沙盘，观看火车交通系统的运行。火车线路周边的房子用随着时间周期变化的灯光模拟日夜交替，火车运行时的声音和蒸汽机头冒出的白烟都让人感觉这是一个无比真实的火车世界。这个展厅吸引了许多人前往观看，虽然缩小了尺度，让观众以上帝视角对火车运行线路的全貌进行观察，但引发人们产生移情效应的仍然是其真实性——一种接近真实的模拟，让人们相信火车就是这样运行的，然而又意识到这是一个被微缩之后运行的仿真系统。这类似于观众投射在戏剧中的真实情感所引发的移情作用，以及又随时意识到自己是在看一场对真实的模拟。这种戏剧式的展示手段在博物馆对观众有着极大的吸引力，尤其是像火车这样很多观众在童年时期就可能很感兴趣的项目，博物馆很可能实现了他们童年时不能实现的愿望。

呈现抽象的思想是博物馆展览中最困难的命题。思想、哲学、观点都是抽象的思维，其实物载体通常是纸质的著作。而博物馆并不是图书馆，单纯对于图书的陈列，不论是古籍还是今天的作品都很难直接将抽象的思想直接呈现给观众。即便在展览中提供了翻阅装置(实体的或电子的)，观众也很难在短时间内理解某一思想或理念。同时，这种阅读方式，并不是博物馆的特殊符号，观众在别的场合可能更适合进行阅读。通常情况下，博物馆对这一类型信息的陈列会有集中解决方案，其中之一是对提出这个思想的人塑像，以雕塑语言的不同风格来暗合其思想。泰州博物馆为了体现王艮关注民生的理念,展览在王艮雕塑后部的墙面上附上了一张表现民生疾苦的大型绘画。为了表达百姓的贫苦,绘画特地用了粗粝的炭笔笔触来对此进行描绘,以表现出知识分子对社会底层生活的关注。

影音系统

影音系统对于阐释空间和再现空间的建构都有重要的作用。影音系统主要用于呈现实物展品无法直接呈现的社会记忆、现象和过程。非物质文化遗产的展示对影音系统的依赖度很高。

非物质文化遗产通常有两种类型,一种是具有最终产品形态的,另一种是时间形态的。具有最终产品形态的非物质文化遗产,虽然其文化遗产本身通常是某一项技艺,但这项技艺最终会留下具有实物形态的终极产品,例如龙泉青瓷、黄杨木雕、龙井茶炒制工艺。对于这种具有最终物质形态的非物质文化遗产,博物馆通常会通过陈列其最终产品来表达某项技艺的特别之处。在单纯陈列最终产品,比如龙泉青瓷的基础上,如果要对龙泉青瓷烧制技艺进行陈列就会有困难。龙窑、釉、瓷泥,都是无法或者不适合直接在博物馆当中进行陈列的。浙江省博物馆对于龙泉青瓷烧制技艺的陈列采用了一系列微缩小雕塑的方式,选取了从练泥开始到拉坯、上色、烧制等一系列工序的典型动态。这种系列化模型表达的优点在于其将一个历时形态的遗产转化为了一个共时形态,时间的概念通过摆放位置的先后来进行表达,但由于微缩的体量并不大,观众可以直接从宏观整体的层面来了解龙泉青瓷的烧制过程。但并不是所有的非物质文化遗产都适合用这样的方式来表达,典型动态的选取必然是删减掉了不典型或者某种程度上不那么重要的动态。例如拉坯的方法、手势可能有很多种,但在系列化的微缩雕塑作品中,由于体量的限制,就只能选择其中的一种进行呈现。另外对于烧造过程中,在龙窑中点火、控制窑内温度等非典型动态可以表达的过程,就是静态雕塑的短板了。类似于这种需要表达发展过程的展览信息,通常用影音系统来进行辅助会表达得更完整。

非物质文化遗产的另一种类型是时间形态的,例如某一种舞蹈、祭祀的仪式、节庆活动。这类非物质文化遗产只存在于活动开始到结束的时空范围内,并且在结束后并不会留下任何最终产品。当博物馆需要完整呈现这类非物质文化遗产的时候,能够借助的就只有影音系统了。虽然说有可能请遗产传承人到博物馆来进行活态的演出，但从实际运营的层面来看，用影音系统进行记录与呈现，是对时间形态的非物质文化遗产最忠实的保存和表达方式了。在没有剪辑介入的前提下，整个活动的所有过程都可以被摄像机忠实地记录下来并在展厅内还原。策展人和设计师当然可以选择是否将内容进行剪辑，以在有限的时间里呈现给观众最典型的部分。这里的原始素材和对素材的剪辑处理，以及在拍摄过程中所采用的镜头移动、景别选择都是典型的电影叙事手段。

在今天的博物馆陈列中，对于影音系统的使用已经不可避免，其在博物馆中的作用堪比文字叙事。目前展览中采用的影音系统主要有屏幕显示和投影显示两种类型，相对独立的则有影院系统，根据在展览中不同的位置，又可以分为前置影院、中置影院和后置影院。不同位置的影院在展览中所起到的作用也各不相同。一般来说，前置影院起到的是唤起和先导的作用，让观众对接下来的参观有一个心理预期，或者对某一些专业领域的知识能够形成一定的印象。中置影院通常是针对某一项具体内容展开，让观众有机会进行体力的调整。而后置影院则可能用于展览的总结，或者对未来的展望。

三、展览讲什么故事

博物馆化的拓展引发了博物馆家族的急剧扩大，呈现出类型多样的博物馆世界。[①] 如果按照博物馆物的学科属性对展览进行分类，通过对人类/自然、过往/现生进行两两交叉组合，可以形成人类历史、人类生活、自然历史、自然环境四大类展览（见表 4-2）。然而叙事并不是一剂万能良药，不是所有类型的展览都有故事可讲，或者说，不是所有的展览内容都适合于叙事。故事对于时间线上谓语变化的基本要求，使得所有展览的故事讲述，本质上都是历史讲述。有趣的是，历史并非一直都是以故事的形态呈现的。

---

① 严建强，毛若寒. 博物馆化的拓展：原因、进程与后果[J]. 东南文化，2020(2)：135—142，191-192.

表 4-2　在博物馆化拓展中不断扩大的博物馆家族

<table>
<tr><th colspan="2">人类历史(过往)</th><th colspan="3">人类生活(现生)</th><th colspan="2">自然历史(过往)</th><th colspan="3">自然环境(现生)</th></tr>
<tr><th>可移动文化遗产</th><th>不可移动文化遗产</th><th>可移动文化遗产</th><th>不可移动文化遗产</th><th>非物质文化遗产</th><th>可移动遗产</th><th>不可移动遗产</th><th>可移动遗产</th><th>不可移动遗产</th><th>非物质现象与原理</th></tr>
<tr><td>历史博物馆(艺术、科技、文化、社会等)</td><td rowspan="5">历史遗址博物馆(纪念馆、考古遗址等)</td><td>艺术博物馆(造型艺术、摄影、工艺、民艺、戏剧、音乐等)</td><td rowspan="5">文化景观博物馆(露天博物馆、生态博物馆等)</td><td rowspan="5">非物质文化遗产博物馆</td><td rowspan="5">自然史博物馆(地质运动、生命演化等)</td><td rowspan="5">自然史遗迹博物馆(大型化石发现地、典型地质剖面等)</td><td>自然博物馆(动物、植物、微生物、矿物等)</td><td rowspan="5">自然景观博物馆(山系、水系、自然保护区、国家公园等)</td><td rowspan="5">科学中心(数学、物理、化学、生物等)</td></tr>
<tr><td>考古博物馆</td><td rowspan="4">行业与技术博物馆(产业、教育、体育、影视、医药、军事等)</td><td rowspan="4">动物园、植物园、水族馆等</td></tr>
<tr><td>古文献博物馆(古籍、档案、方志等)</td></tr>
<tr><td>民族学与人类学博物馆</td></tr>
<tr><td>民俗博物馆</td></tr>
</table>

在鲁巴的研究中，19 世纪的历史陈列对年代学顺序完全没有兴趣。[①] 例如美国建国百年的历史纪念展览上，著名历史人物的物件和不同时期的展厅并没有按照时间顺序来展示。1880 年的史密松森展览导览手册包含了一些历史，但是没有历史叙事，许多历史人物的半身像根据他们所属的领域来进行陈列。19 世纪末，历史学家和工程师加入到一直被人类学家把持的策展工作中。从国家层面来看，历史变得看似重要起来，年表学和时间线变得更为普遍。1893 年在芝加哥举行的世博会，许多技术陈列采用了时间顺序。在巴尔的摩和俄亥俄的展览中，一组火车头按照从原始早期到现代的方式陈列，这呈现出一种较新的年代学进程的风格。

当时间迈入 20 世纪，年代学的概念变得越来越普及。时间线开始出现在史密松森的展览中，例如策展人霍华德·克拉克(Howard Clark)在 1899 年重新组织了史密松森的美国历史展。观众可以穿过殖民时代、革命时代，来到 1861 年的美国内战时代。[②] 在 20 世纪 20 年代，随着历史和技术进一

---

① Steven Lubar. Timelines in Exhibitions[J]. Curator: The Museum Journal, 2013(2): 169-188.

② United States National Museum. Annual Report[R]. Washington: Smithsonian Institution, 1901.

步从人类学中分离出来，史密松森的策展人们开始用历史进程来讲述美国的故事。

尽管在希罗多德的时代，历史书写就已经存在叙事传统，甚至今天的我们理解历史大多也是通过历史故事，但历史书写在相当长的历史进程中都和故事没有太多关联，以至于怀特在提出叙事主义史学的时候在史学界掀起了轩然大波。怀特认为叙事是历史书写必不可少的，因为人们不能没有叙事化就进行历史化，因为唯有通过叙事化，一系列事件方能被转化为一种序列，分割成各个时代，并且作为一个进程表现出来。①

虽然没有准确的统计数据，但人文历史类的展览在全世界的博物馆中应该占据了相当大的比例。然而就中国的情况来看，历史展览讲述历史故事也是 2000 年之后才逐渐开始普及的，之前的历史文化展更多的只是单纯展示历史文物而非历史文化。当历史叙事成为一种广为接受的形式出现在图书、电视剧、电影中的时候，用展览讲述历史故事好像又变成了理所当然的选择。历史故事的讲述固然有众多媒介可供选择，然而在博物馆展览讲述的故事类型中，历史故事应该是最多的。

（一）具体的历史与模型化的历史

当然，这里说的历史故事并不局限在人类文明史的框架中，它可以是任何过去时间框架内发生的事件。如果从现在往前追溯，可以看到人类文明的当代史、近现代史、古代史，这当中嵌入了历史的各种分支，比如科技史、行业史、生活史、思想史、战争史、医学史等。再继续往时间线的早期走，就可以看到史前文明、地质史，乃至宇宙的历史。这些历史在展览的故事讲述中并不是均质的，总体上来说，越接近当下的时间点，单位时间内事件的密度越大，细节越多，越易成为一种具体的历史。相反，越远离当下，单位时间内事件的密度越小，细节逐渐消失，事件之间的关联往往需要科学的推测，我们所知道的只是模型化的历史。这样的历史并非不真实，但缺乏具体的细节，比如小行星撞击地球的那一天发生了什么，恐龙是如何灭绝的。在

---

① White Hayden. Historical Discourse and Literary Writing[M]//Kuisma Korhonen. Tropes for the Past. Amsterdam:Rodopi,2006:30.

BBC的纪录片《恐龙灭绝之日》(*The Day The Dinosaurs Died*)中,摩根教授(Jo Morgan)和格里科教授(Sean Gulick)带领的科研团队认为直径12千米的希克苏鲁伯陨石撞到了墨西哥湾,它跟地球相接触的那一刻,数十亿吨液化和汽化的岩石喷薄而起,铺天盖地,方圆数千米旋即盖上了一层岩浆。鱼在混合着岩浆的湖中挣扎,呼吸之间把水里的熔岩颗粒吸进去,然后,这些杂质就卡在鱼鳃里,伴随着这些鱼儿成为化石。因为岩层融化,石灰岩中硫化物喷射到空中,遮天蔽日,漫长的寒冬裹住地球。这是根据地层中的化石遗迹做出的一个模型化的历史,塔尼斯出土的化石忠实地记录了珠子般大小的熔岩横扫地面的时刻,所以这个历史模型是科学家根据化石给出的一种解释。不管恐龙是彻底灭绝了,还是一部分演化成了今天的鸟类,都是利用当前的技术手段,根据化石和遗传物质的证据链拟构出的历史,并不存在一个帮助人类记录一切的"上帝"。类似地,地质学家根据地磁学,利用沉积地层分析古环境,利用古地磁分析古纬度,加上对地质现象的观察,推测出地球板块从罗迪尼亚(Rodinia)超大陆解体,在数亿年的时光中"漂移"到了今天的位置。我们所处的中国大地,由6个完全不同的陆块构成,在漫长的地质时光中,它们曾分别处于地球的不同位置。今天,拼合在一起的陆块为中国带来了丰富的地形地貌,也造就了各地完全不同的水土条件。这种远远超过日常观察尺度的运动,并没有人亲眼见过,因此大陆漂移的"历史",也是一种模型化的历史。更不用说宇宙的历史了,大爆炸虽然是目前最主流的宇宙起源学说,但并不是唯一的宇宙历史叙述,毕竟没有人可以回到宇宙起源的那一刻去亲眼见证。然而这些或具体或模型化的历史,都是博物馆展览的讲述对象。这些历史故事在展览中也呈现出完全不同的形态。

对于具体的历史,博物馆展览可以讲述的故事充满了细节,在这种情况下,叙事展览甚至突破了其弱逻辑的特征。在美国"9·11"国家纪念馆的展览中,历史以精确到分钟的方式被记录。①

---

① Alice M. Greenwald. No Day Shall Erase You:The Story of 9/11 as Told at the September 11 Museum[M]. New York:Shira Rizzoli Publications,2016:92-160.

5:45

劫机者在波特兰通过11号航班的安检

早间新闻预告当日天气万里无云,天朗气清

7:59

11号航班起飞

8:14

11号航班遭受劫持

175号航班起飞

8:19

空乘呼叫美国航空

8:20

77号航班起飞

8:24

劫机者误发送了一条信息

8:42

93号航班起飞

8:46

撞击时刻

北塔遭遇撞击

应急小组出动

北塔疏散人群

8:48

市长紧急事件管理办公室启用危机中心

8:50

总统接到信息

CIA回应

8:51

空军接到通知

8:52

纽新航港局过哈德逊河捷运暂停所有服务

8:53

空管怀疑将有第二起劫机事件

空军飞机起飞

8:54

77 号航班遭遇劫持

8:55

南塔报告称安全,无疏散必要

8:56

77 号航班从雷达屏幕上消失

8:58

纽约市警察局及消防队扩大出动规模

8:59

新泽西港务局下令疏散双子塔内民众

9:00

航空公司预警 FBI

截至此时,数名 175 号航班上的人员已与地面取得联系

副总统接到通知

华盛顿对危机发出回应

9:02

意识到存在多起劫机事件

南塔开启撤离广播通知

9:03

军队协助

175 号航班撞击南塔

纽约市警察要求关闭纽约上空空域

应对措施不断升级

9:05

总统得知第二起撞击事件

纽约市市长抵达位于事件现场旁的纽约市警察局

9:12

77号航班上的人员联系地面,告知飞机遭到劫持

国民警卫队出动

9:19

美国司法部接到电话

9:21

所有进入曼哈顿的隧道及桥梁关闭

9:25

国民警卫队空军力量在纽约上空进行战斗巡逻

9:28

93号航班遭遇劫持

9:29

纽约市消防局向非当值消防员发出召集

9:30

市长紧急事件管理办公室撤离

美国总统发表全国讲话

9:33

空管发现有飞机向华盛顿迅速移动

9:36

副总统切尼撤离

9:37

77号航班撞击五角大楼

9:42

联邦航空管理局要求所有航班降落

9:45

华盛顿开始疏散撤离

9:53

美国国家安全局拦截到一通有关本·拉登的可疑电话

9:54

空军一号从佛罗里达起飞

9:58

93号航班发出求救信号

9:59

93号航班被目击

南塔倒塌

政府持续运作,紧急预案首次执行

10:00

纽约市消防局和警察局发布疏散撤离命令

10:03

93号航班坠毁

10:08

纽约市警察局直升机绕北塔飞行,警告北塔存在倒塌风险

白宫警戒

10:15

五角大楼E楼倒塌

政府官员撤离

10:18

击落被劫持航班命令下达

10:20

纽约市的公共交通停止运行

10:28

北塔倒塌

10:31

东北防空区收到击落命令

11:00

五角大楼回应

11:02

纽约市市长下令疏散曼哈顿

11:17

航空公司开始确认四起坠机事件

12:16

全美空域关闭

12:30

北塔 14 名生还者位置得到确认

14:30

联邦调查局探员到达 93 号航班坠机点

14:40

美国国防部部长计划军事回应

15:00

纽约消防局在世贸中心营救幸存者

17:20

世贸中心大楼倒塌

18:15

宾夕法尼亚州州长前往 93 号航班坠机点视察

18:54

布什总统回到华盛顿

19:15

联邦应急管理署召集搜救队

19:47

归零地被用作世贸中心遗址

20:30

布什总统在白宫发表全国讲话

22:30

救援人员确认被困新泽西港务局警署官员位置

23:30

纽约州州长参观归零地

23:50

11 号航班撞击画面首次播出

这种讲述的方式充满了电影感,对于准确时间的强调就像电影中正在倒计时的定时炸弹,观众的精神在参观过程中持续紧绷。电影中,总有一个英雄能在最后一刻拆除炸弹,而"9·11"事件却是一个已经发生、无法挽回的事实。

"9·11"国家纪念馆是历史讲述的一个特例。在我们熟悉的历史展览中,近现代史也或许可以精确到天,而古代史则往往只能模糊地定位到某年。为了讲述历史时能将事件定位在时间线上,历史学家发明了历史的分期。在我们熟悉的中国历史文化类展览中,古代历史常常被分为史前、先秦时期、秦汉-魏晋南北朝时期、隋唐五代时期、宋元时期、明清时期。这个分期框架出现在我们的历史教科书中,在地方和国家博物馆的展览中成为单元框架,进一步强化了这种历史的讲述方式,好像时间线上存在着刚性的边界,历史进行到朝代更替的转折点时戛然而止。20 世纪的人们对这种时间线上人为设置的节点可能有着更深刻的认识。在千禧年前的最后一天晚上,世界各地都有人聚集在一起,等待 21 世纪的到来。那个时候的我们认为,越过了 12 点的那一秒,世界就要进入一个新的纪元,进入未来,一切都是令人兴奋而未知的,未来原本似乎是遥不可及的,而现在它就在那一秒的后面。我们是跨过了两个世纪的人,也是同时经历了过去和未来的人。可是在跨过 12 点之后,并没有发生什么事情,我们还是前一秒的我们,世界还是前一秒的世界。我们因为人为设定的计时方式而陷入了某种狂热中。

时间线上并不存在刚性的分界点,历史也没有在朝代的变化中倏然转向,这只是人们讲述历史的一种方法。因为我们对长时间段的感知是相当模糊的,充满了不确定性。我们愿意相信司马迁记录的夏朝是真实的,却没有想过司马迁距离他书写的夏朝有约 3000 年之久,而今天的我们距离司马迁生活的年代不过约 2000 年。1799 年乾隆皇帝去世,同一年美国的华盛顿总统也去世了。我们可能会诧异于他们是平行生活于同一时代的两个人,在我们的认知中,乾隆是一个古代人,而华盛顿则相当现代了。这是因为世界各地的历史发展进程并不同步。还是在 1799 年,拿破仑在法国发动了雾月政变,开启了为期 15 年对法国的统治。这一年,是大英博物馆正式向公众开放 40 周年。

在所谓的时间长河中,世界各地遵循着自己的脚步,在全球化广泛的联结建立之前，人们在同一个时间节点过着各不相干的生活。统一的历史框架消灭了这种多样性和差异性，仿佛同一个时间点的人们过着一样的生活，1840 年这一年，中国人集体从古代人变成了近代人。历史的时间并不是向前行进的一个点，而是一个巨大的面。通过任意一个剖面，我们都能看到这个面不是均质的，可能五彩斑斓，也可能充满孔隙。然而博物馆对人类历史的讲述，往往是在这个面上零散地找到了几个点，并试图以此来代表历史的整体。在这个意义上，我们对博物馆所讲述的历史故事，应该始终保持警惕。至于警惕的程度，可以说与模型化的程度正相关。

当时间线进一步回到史前文明，在展览故事的多重层次中，我们讨论了露西的故事。然而，今天的考古学家依旧无法就人类的起源问题达成共识。不论是史前考古文化还是史前考古遗址的展示，呈现出具体的生活图景都是巨大的挑战。2019 年，良渚古城遗址列入世界遗产名录，成为中国第 55 项世界遗产。从 2017 年开始，我参与到良渚古城遗址的现场项目中。一直以来，策划设计团队都希望能把良渚古王国的故事讲述给游客乃至世界。为了实现这个愿望，策展团队对考古研究的成果做了大量的解读和转译的工作，其间和参与良渚古城考古的考古专家们反复沟通交流。作为一个约 5000 年前的文明，良渚确实给了我们太多的惊喜：依水而居的生活、规划有序的都城、储量惊人的国家粮仓、面积巨大的宫殿、精巧的建造技艺、高超的手工艺、城乡分野的出现、社会等级的存在。然而仅仅依靠对遗物和遗迹的考古研究，我们始终无法窥见良渚人具体的生活形态：我们推测良渚的王头戴羽冠，却不知道他身着什么样式的衣服；我们知道良渚人对墓葬极其讲究，却不知道良渚人如何举行葬礼；我们知道良渚出现了统一的信仰，却不知道这种信仰具体为何；我们甚至不知道良渚人最后消失去了哪里……当历史从具体滑向模型化，用展览讲述历史故事正变得越来越困难。

如果博物馆连讲述人类的历史故事都面临着巨大的挑战，那还有可能讲述地球的故事甚至宇宙的故事吗？常见的地质史展览往往充斥着观众并不熟悉的岩石标本，观众读完写着岩石成分和名字的展览标签也不见得能感受到何种意义。在浙江自然博物院安吉馆的地质展厅中，我所在的策展团队做了一次地质叙事的尝试。

地质展厅想要讲述的是浙江大地形成的故事。策展思路是以地质标本和地质遗物为物证,通过讲述浙江大地上所经历的一系列地质事件,以及最终将其塑造成今天地貌景观的过程,来呈现浙江大地是如何变成今天这个面貌的。在展览策划的初期,策展团队提出过一个激进的方案,彻底抛弃展览单元小节的展览,直接按照地质事件的前后顺序来组织展览。从浙江大地最古老的岩石基底,到扬子地块(Yangtze Craton)和华夏褶皱带(Cathaysia Foldbelt)拼合在一起形成浙江大地的基础,到如今江山-绍兴拼合带安静地隐身于浙赣铁路线之下。二叠纪末生物大灭绝,海洋覆盖之下的浙江成了一个"避难所",在火山和红盆构成的环境里,恐龙曾徜徉在浙江的土地上。新生代的一系列地质运动直接影响了我们今天看到的浙江面貌。当早期人类出现在浙江,这片土地从地质史走进了人的历史。在初期的构想中,展览按照事件发生的先后顺序来形成一条松散的故事线。在这条故事线中,我们甚至抛弃了寒武纪、三叠纪、侏罗纪、白垩纪等地质史年代命名,只采用多少年以前的数字标识。因为地质时代是今天的地质学家根据已经发生的事情,人为地把连续发生的时间进行切分而形成的命名。地层上代表时代变化的金钉子,只是剖面上的一条细线,而这条细线所代表的时间尺度却可能远远超过人类整个文明史的长度。然而之后我们发现,彻底抛弃分期的概念为展览的讲述带来的问题要远多于其概念的人为性。没有了地质时代的标尺,我们甚至无法介绍作为各地质时间的物证的岩石标本所在的地层位置。"距今约5.41亿—4.854亿年"的表述,也不见得比寒武纪更具体、更明确。最后,我们还是根据观众观展习惯,将展览分成了四个板块,这四个板块以时间先后排列。在前寒武纪、古生代、中生代、新生代四个板块中,我们将最重要的地质事件和古生物发展融合到一起进行陈列。

最终的展览框架基本保留了按时间顺序讲述地质事件的构想,形成了所谓松散故事线形态的地质叙事(见表4-3)。我们可以看到,展览讲述地质故事的模式,在一定程度上解决了观众无法理解专业化表述的岩石标本的价值问题,但由于过于宏大的时间尺度,模型化的历史讲述缺少具体细节。

表 4-3　浙江大地廿亿年展览框架

主题关键词	一级框架	二级框架
浙江、地质史	古老的浙江大地——从约20亿年前说起	最古老的地质发现
		从离散到拼合——华南板块的形成
		火与冰的交融——裂谷型火山-岩浆活动与南沱冰期
	浙江“金钉子”的故事——约5.41亿—2.52亿年前	海洋覆盖之下
		生命大灭绝与“避难所”中的复苏
		动植物与矿产
	盆地与火山的世界——约2.52亿—0.66亿年前	火山与红盆
		生物群的演化
		主要矿产的形成
	现代地貌形成及史前浙江人——约0.66亿年前至今	地貌形态
		史前浙江人

(二)具体的对象与符号性的对象

除了对于对于历史具体度的关注，讲述对象的具体度同样也是一个关键要素。当然，这个要素是在历史事件的框架之内的。展览故事的讲述对象就好像是小说或电影中的角色，其可能是一个具体的人，比如莎士比亚，也可能是一类人，比如良渚人，比如浙商。除了人之外，动物、植物、行业、产品、建筑都可能成为展览故事的角色。和历史一样，讲述对象也存在于一个光谱中，光谱的一端是具体的对象，例如章太炎，而另一端则是符号性的对象，例如人类。

1972 年，美国国家航空航天局(NASA)发射了先驱者 10 号非载人航天器。它是人类史上第一个通过火星与木星之间的小行星带，以及第一个拜访木星的航天器。1983 年 6 月 13 日，它飞越海王星轨道，成为第一个离开八大行星范围的人造物体。先驱者 10 号携带了一块人类向可能存在的外星人表明地球在银河系位置的镀金铝板。铝板上还绘有一男、一女两名地球人类的形象(见图 4-4)。2003 年 1 月 23 日，由于发射功率不足，先驱者 10 号在距离地球 122.3 亿千米(80 天文单位)处与地球失去联络。在这个故事里,先驱者 10 号是一个具体的讲述对象,而其铝板上的男女形象,则是高度符号化的对象,其并不是具体存在的具体个人,而是代表了全人类。

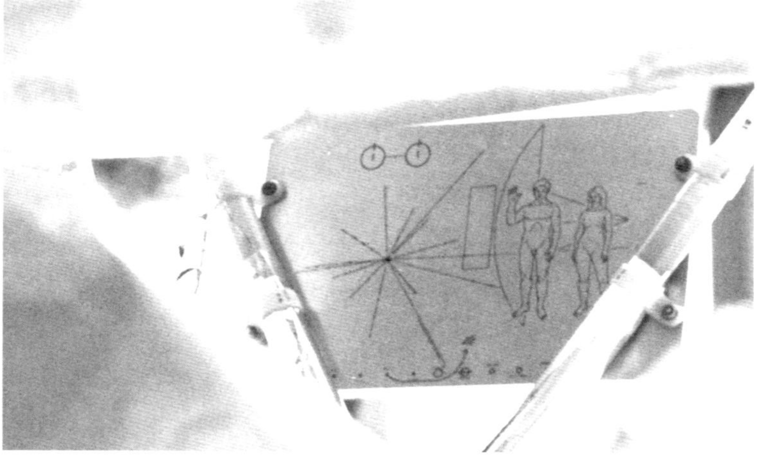

图 4-4 先驱者 10 号携带的镀金铝板

越是具体的对象,越具有用展览讲述故事的可能性。1973 年发射的先驱者 11 号,是第二个用来研究木星和外太阳系的空间探测器,也是用于研究土星和它的光环的第一个探测器。与先驱者 10 号不同的是,先驱者 11 号不仅拜访了木星,它还用木星的强大引力改变它的轨道,飞向土星。在靠近土星后,先驱者 11 号顺着土星的逃离轨道离开太阳系。与先驱者 10 号一样,先驱者 11 号也带了一块向外星文明传达信息的铝板。

当我们把先驱者 10 号和先驱者 11 号分别作为讲述的对象的时候,由于其显著的差异性,并且是一个不带任何意义的概括的对象,先驱者 10 号或 11 号的故事很容易用展览来讲述。但如果对象是经过概括的,例如想要讲述非载人航天器的故事,或者航天器的故事,随着概括等级的提高,对象涵盖的范围也变大。就像铝板上的一男一女,仅仅显示了两种生理性别的人类,人与人之间巨大的差异性无法在高度概括的符号中得以表述,一个展览想要讲述人类故事的难度可想而知。

即便是一个具体的对象,展览讲述其故事也存在着不小的挑战。2015

年，我前往莎士比亚的出生地艾冯河畔的斯特拉福德（Stratford-upon-Avon）旅行。和不少名人故居类似，莎士比亚出生地选择了展览与故居分离的模式陈列。出乎意料的是，展览规模相当小巧，陈列以莎士比亚出生地信托的收藏（The Shakespeare Birthplace Trust Collections）为核心展开，没有讲述莎士比亚的生平。故居现场则复原了莎士比亚生活时期的房间陈设，并有工作人员身着莎士比亚生活的16世纪服饰承担讲解工作。

没有人的故事是单向度的，一个人的身份由年龄、性别、工作、信仰、教育背景、情感、婚姻、子女等各种不同的维度构成。即便是传记和传记电影，所展示的也往往是人生中的一部分。而展览在讲述个人故事的时候，虽然可以调用各种不同的媒介，可以把观众置入讲述对象曾经生活的空间，允许观众触摸与讲述对象有关的物件，但展览永远需要回答为什么选择这一部分人生、这一部分面向的诘问。

当展示对象不再是一个具体的人，而是一个族群或一个社区，展览故事讲述的难度又进一步提高了。诚然在策划这样的展览时，可能有更多的展品、更多的展览资源、更多的具体故事。然而，展览同样无法讲述一个群体中所有人的故事，他们被概括成一个符号。在这个概括的过程中，差异性和多元化被整体性所排斥了。决定何种形象可以代表这种整体性的，通常是一群人中的权威声音或大多数的声音。

即便展览讲述的不是人的故事，而是别的对象的故事。这种概括的符号性形象依旧容易让观众产生误解。在自然类的展览中，观众看到的是个体的动物或植物标本，例如一只熊猫或一头亚洲象。在被制作成标本前，它们有各自不同的生活轨迹和经历。然而，当它们被制作成标本，成为博物馆的展品，它们就变成了一个符号性的对象，代表的是熊猫作为一个物种的整体，或某一个区域生活的亚洲象的群体。甚至对观众来说，他们很难分辨同一种类的两个不同标本。

在历史故事的框架下，当进一步思考展览故事中讲述对象所扮演的角色时，我们发现所有的展览故事都经历了一个被选择、被重构的生产过程。事实上，这种建构在对展览内容的选择以及对故事时间的编辑时就已经发生。

/ 第五章 /
故事的意义

一、虚构的意义

当我们谈及文学和影视中的故事，似乎总是把它们和虚构联系在一起，以至需要为非虚构作品再增加纪实文学和纪录片的名称。真实性并不是以虚构为基础的小说叙事和电影叙事需要讨论的问题，但对于博物馆来说，真实性是其提供给观众最核心的体验，也是它合法性的基石。脱离了真实性，博物馆就成了类似主题乐园的存在。真实性同样是对于叙事展览的要求，然而当我们分析展览叙事真实性问题时，面临着相当复杂的局面，其并不是简单的真与假之间的区别。

赫克托·麦克唐纳(Hector Macdonald)认为，我们正处在后真相时代，一件事情通常不止有一种真实的表述方式，日益复杂的个性化大众传媒技术让真相竞争变得更为激烈。① 算法决定了我们可以看到的故事以及故事版本，博物馆面临着观众对展览故事进行再理解、再表达的挑战。展览叙事让人们可以对抗被遗忘的恐惧，让历史成为一个整体被叙事。然而我们也要看到，但凡在博物馆中被叙述的，都是被选择的。

(一)真实性的边界

在小说和电影的历史上有太多优秀的虚构作品，故事里的人物、情节、发生地都可以是虚拟的。像《黑客帝国》(*The Matrix*)、《星球大战》(*Star Wars*)、《星际迷航》(*Star Trek*)、《异形》(*Alien*)等科幻系列电影，因为有其一套自成体系的世界(宇宙)设定，甚至成为风靡世界的文化现象。对一些影迷和读者

---

① 麦克唐纳. 后真相时代[M]. 刘清山，译. 北京：民主与建设出版社，2019：321-324.

来说,在虚构的架空世界里逃避片刻现实生活是他们消费这些文化产品的根本驱动力。

小说和电影作品中当然也包含了一定的真实性,虚构故事的产生离不开特定的社会历史背景。在反映现实生活或历史生活的虚构作品中,创作者(导演/作者)同样会加入真实存在的历史人物,或基于真实的历史事件进行创作,这种加入真实性要素的手段可以增强作品故事设定的合理性,但并不改变其虚构作品的性质。

即便是纯粹虚构的科幻作品,其设定也需要有一定的现实基础。导演詹姆斯·卡梅隆(James Cameron)的奇幻大作《阿凡达》(*Avatar*)中,纳美星人的外形、语言、宗教都可以在人类社会中找到原型。纳美行星的完整设定,包括行星的物理环境、气候、物种、食物链,都可以在阿凡达百科(Avatar Wiki)的网站上找到。人类文明和纳美星人的矛盾跟现代文明在资源开发的过程中和原住民的矛盾本质上没有什么区别,《阿凡达》的故事内核其实是披了奇幻外衣的现代社会问题。

观众对于小说或电影的真实性也会有一定的要求,尤其是对于历史题材的电影。陈凯歌导演的《妖猫传》上映之后,观众在网络平台上对影片中的唐代建筑形制进行了大规模的讨论,并且将其与侯孝贤导演的电影《刺客聂隐娘》中的建筑进行了对比。《刺客聂隐娘》的时代背景同样设置在唐代,但观众认为影片中对唐代建筑的复原正确度不及《妖猫传》。观众对于历史题材电影的真实性的讨论还会聚集在演员的服饰、妆发、饮食、家具是否符合历史时期的实际情况。就像卡梅隆在拍摄电影《泰坦尼克号》时那样,导演对各等级客舱的布置、楼梯形状、餐具、菜单的仔细考究与再现,都是为了通过这些真实的细节让虚构的故事更有说服力。小说和电影的叙事作品可以追求设定的真实性,但并不需要追求情节的真实性。对于虚构作品要求绝对的真实性,本来就没什么必要。

尽管叙事展览从不会以虚构作品为出发点,但它仍然面临着真实性的拷问。以情节化的方式编排历史事件,是否虚构了历史?这个问题在怀特提出叙事主义史学理论的时候就是理论界争论的焦点。怀特认为,真相并不等同于事实,而是事实和概念模式的结合,真相位于话语之中。想象力必须参与到所有对真相的充分再现中,这使得历史话语的创作和虚构创作技巧一样具有必要性。在处理历史事件时，如果要实现对这些事件的如实再现，最重要的是考虑事件间构成整体的连接方式。事实不会为自己说话，是历史学家为它们说话，并将过去的片段构造为一个整体。[①] 皮特·盖(Peter Gay)认为没有分析的历史叙事是浅薄的，没有叙事的历史分析是不完整的。[②] 当叙事展览将历史事件用故事化的方式编织成情节，其不等同于小说家所虚构的作品，这是通过叙事话语的技巧实现怀特所说的历史事实的完整性。

叙事展览的真实性是由物的真实、内容的真实和现象的真实构成的有机综合。物的真实主要关注的是博物馆的实物藏品，人工制品和自然产物都在物的真实的讨论范围中。被博物馆收藏的物一般都具有实体的物理形态，并通过其物理形态携带了能够反映一定时期的自然或人类活动的信息。对于人工制品来说，它们在不同的领域不同程度地见证了各个历史阶段人类社会的发展，都从不同侧面反映了各个历史阶段的社会制度、人类活动、社会关系以及人类与自然界的关系，都或多或少地展现了各个历史阶段人类物质文明、精神文明所取得的成就。[③] 而自然产物则见证了其形成过程中的地球环境、地质运动、生物活动。不管是人工制品还是自然产物，真实性的缺失是指其所外化表达的信息与附着于其物理形态的实际信息不匹配。例如一件明代瓷器通过其物理形态可以携带制作年代、烧制工艺、釉色成分、用瓷文化等信息，而伪造的瓷器所传达的信息与前面提到的这些并不能相吻合，最明显的是制作年代和底部的年号书款就不能相匹配。对于自然产物来说，把新生代大型哺乳动物的骨骼化石误认为中生代某种恐龙的骨骼化石，同样也违背了物的真实性原则。

内容的真实主要关注的是博物馆展览所传达信息的科学性。对于历史展览来说，是对人类历史信息的正确传播；对于科学技术类展览来说，则是对某一种自然现象或技术原理的准确科普阐释。必须承认人类对于历史和科学的认识的局限性：我们也许可以知道历史的真相，但不可能知道历史的绝对事实；我们现在认为是科学大厦基础的各种定理，也都是基于我们目前对

① Hayden White. The Tropics of Discourse[M]. Baltimore: Johns Hopkins University Press, 1978: 123-125.

② Peter Gay. Style in History[M]. New York: Norton, 1988: 189.

③ 陈哲. 论历史博物馆展览的真实性[D]. 杭州：浙江大学，2009：11-22.

于数学和物理学的研究,而物理学上空飘着的两朵乌云至今也没有消散。所以,展览内容的真实是指展览的内容符合我们现阶段所能够取得广泛认同的信息,可以随着人们认识的变化而做出调整。对于有争议的内容,例如学者们不同的观点,或利益相关者的不同立场,叙事展览也可以同时展现不同方面的意见。

叙事展览还存在一个现象的真实的层面,这个层面的讨论是随着博物馆拓展收藏边界,将社会记忆、社会现象、自然现象也作为展示对象之后出现的。在时间的长河中,能作为自然或人类历史见证物留存下来,并被博物馆收藏的不过是这条大河中的零星水花。在建构叙事展览的过程中,大量社会记忆、社会现象的展示不可避免地需要用到除了实物陈列以外的展览手段:情景再现、模型、由动画或真人演绎的视频。很显然,这些辅助展览手段不具备物的真实。就自然现象在展览中的真实性来说,太湖博物馆不可能真的把太湖放到展厅中,博物馆能做的只有从展厅中借景看到太湖,或者从太湖中取水样陈列在展厅中。如果说,像水体、岩石、泥土、动植物标本这些有实体形态的自然现象还可以在展厅中实现物的真实,那么像风、闪电、火这些无法保存的自然形态又怎样在展厅中表现呢?1871 年,美国芝加哥发生大型火灾,几乎毁掉了整个城市。这场被称为芝加哥大火灾(Great Chicago Fire)的事件是今天芝加哥重新建设生长的起点。在芝加哥历史博物馆里,这场对于城市既意味着毁灭又代表着重生的火灾当然不可能真实再现。2005 年,飓风卡特里娜在美国路易斯安那州新奥尔良造成了严重破坏。如果以后新奥尔良地区的历史博物馆希望将这段受灾的记忆保存下来并展示,除了照片、影像、风灾遗留物,还可以有别的展品吗?作为自然现象的飓风可以在展厅中再现吗?从技术上来说,飓风并不是完全不可能在博物馆展厅中再现——芝加哥的科技与工业博物馆(Museum of Science and Industry)的展厅中就有一个大型的制造龙卷风的展项。但即便飓风在博物馆展厅中被再现,也不可能是当时袭击新奥尔良地区的卡特里娜。对于那些无法以实物形态进行展示,只能借助辅助展品出现的自然现象、社会现象和社会记忆,我们可以采用现象的真实的标准对其加以要求。在日本东京的江户东京博物馆,针对明治维新时期逐渐西化中的日本,展览制作了数个异常精细的微缩场景(见图 5-1),并且会定时进行动态演示。微缩场景中的街道、建筑都是按照当时的样式微缩制作的，街道上的电车、人物的服饰按照当时的设定。这不能说严格的物理真实，而是通过这些微缩场景，将明治维新时期东京的街头景象以一种历史重构的方式重新呈现在观众面前，呈现的是现象的真实。

图 5-1　江户东京博物馆陈列的微缩场景

（二）虚构的展览故事

为了故事图景的完整，在叙事展览现象的真实这一层面，“再现”部分地“代替”了展品。然而，叙事展览真实性的复杂性不仅仅在于真实概念在展览中的综合性，还源于虚构和真实的边界在展览中并没有那么分明，虚构甚至成为展览讲故事的手段。

美国大屠杀纪念馆的一个专门为儿童和家庭观众设计的展览就为我们展现了叙事展览采用虚构手法的可能性。展览的名字是“记住那些孩子：丹尼尔的故事”（“Remember the Children：Daniel's Story”）。观众在这个展览中，可以以第一人称视角，在一个个沉浸式场景中看着丹尼尔这个在纳粹德国长大的男孩，在纳粹开始实施对犹太人的迫害之后生活遭遇到了怎样的变故。这个展览在推出后广受好评，美国大屠杀纪念馆还制作了一个巡展的版本在洛杉矶、旧金山、丹佛、堪萨斯城进行展览。然而，丹尼尔并不是真实的存在，他是一个虚构出来的人物。丹尼尔的日记内容是根据当时其他年轻人写的日记,加上一些幸存者的回忆,创作出来的[①],而这本日记的内容就是引导观众参观整个展览的故事线索。展览中没有出现任何通常意义上的实物展品,丹尼尔的卧室、街道等空间都通过情景再现的方式呈现。从物的真实的角度来说,丹尼尔的故事显然是不符合要求的。从内容的真实来看,由于丹尼尔这个人物是虚构的,也很让人为难。可是如果从现象的真实来看,生活在纳粹德国的犹太儿童、纳粹对犹太人实施的种族灭绝政策、犹太人躲藏纳粹追捕的种种方式,以及犹太人被抓获后送往集中营,这些社会现象都曾经真实存在于第二次世界大战期间的德国。博物馆策展人将这些现象结合在一起,组成了一个典型的犹太男孩的故事。可以认为这个展览里提到的每一个存在,都曾经与某一个德国的犹太男孩息息相关。丹尼尔的故事其实是这些犹太孩子回忆的集合。这从展览的标题也可以看出来,“丹尼尔的故事”只是副标题,而主标题是“记住那些孩子”(孩子在英文中是复数)。

“记住那些孩子:丹尼尔的故事”这个展览展现了虚构的故事组织起整个展览的可能性,或者说展现了对于一些特定题材的展示中戏剧化(dramalise)手段的应用。同时,在对真实性似乎有着更高要求的历史展览中,虚构也并非无迹可寻。在永康市博物馆的历史文化基本陈列中,有一段关于朱熹和陈亮王霸义利的争辩展示。陈亮主张王霸义利一元论,朱熹则推崇“义利双行,王霸并用”之说。朱熹与陈亮的争论,从宋孝宗淳熙九年(1182 年)开始,至宋光宗绍熙四年(1193 年)结束,前后长达十几年,往返信件重要的有十几封。这些纸质文献当然没有保存到今天,展览无法通过实物展品呈现两人的思想交锋。而直接通过文言文来理解两人的思想观点,对观众也是一个不小的挑战。展览最终让事实上并未谋面的朱熹和陈亮在展厅里“见面”了,并且以现代汉语直接对话,阐释了两人各自的观点。这个过程用幻影成景这一等比动态情景再现的方式呈现。在这场虚构的当面辩论中,可以看到三处信息载体形式的变更。第一是书面通信变成直接对话,让长周期的文字交流变成短周期的语言交流,缩小了时间的尺度;第二是让两个并未见面的人直接对话,缩小了空间的尺度,让争辩直接以一种面对面的形式呈现,加剧了冲突性,

---

① U. S. Holocaust Memorial Museum. United States Holocaust Memorial Museum, Annual Report, 2002: The First Decade[M]. Washington: Holocaust Memorial Museum, 2002: 12.

使其戏剧化的程度更高；第三是将文言文改为现代汉语，让观众能够更好地理解。

在这个戏剧叙事特征明显的展项中，通过书信交流的抽象思想在没有实物展品的情况下，变成了剧场演绎的形式呈现给观众，虽然内容的表达形式进行了大幅的改动，但其传达的事实信息并没有改变。当然，这样的展览方式难免让一些粗心的观众认为，陈亮和朱熹真的当面进行了这样一场辩论。

以上两个案例对虚构的使用，都可以看作是将历史现象在重构后呈现给观众的展览手法，重构的过程并没有改变现象的真实。在丹尼尔的案例中，真实性是多个个体历史的集合，而王霸义利的争辩，则是被“翻译”了的真实性。在类似于“跨越时空的对话——纪念汤显祖和莎士比亚逝世400周年展”这样的展览中，虚构的对话不仅没有对真实性造成威胁，在某种程度上被认为是策展人的创新。让两个在相近时代，且同在戏剧领域获得了所生活地区重要成就的大师，在展览中并置、对话，给予了观众理解戏剧作品及其影响力的新角度。

关于虚构的博物馆还有一个不得不提的案例——诺贝尔文学奖得主奥尔罕·帕慕克（Orhan Pamuk）的《纯真博物馆》（*Museum of Innocence*）。“纯真博物馆”是帕慕克所写的一部小说的名字，也是他在土耳其伊斯坦布尔老城区建立的一个真实存在的博物馆。前者是虚构的文学作品，后者则是他在小说中提到并且实体化的博物馆。帕慕克在开始进行小说创作的同时也开始了实体纯真博物馆的展览建设，四处为博物馆搜罗藏品。小说中的男主角凯末尔爱了芙颂多年，曾经得到了她，却又没有真正得到，所以他疯狂地收藏芙颂的一切，建立纯真博物馆。与其说收藏的是对芙颂的爱，不如说收藏的是一段旧时回忆。展览的主体由很多个大小不一、像盒子一样的展柜构成，每一个盒子对应书中的一章，里面陈列了帕慕克在这章中提到的物品（见图5-2）。凯末尔偷偷收起的芙颂的耳环出现在第一章“我一生中最幸福的时刻”（The Happiest Moment of My Life）中，位于博物馆二楼展览的开头，和小说完全呼应（见图5-3）。芙颂穿过的鞋、芙颂挎过的包、芙颂抽过的烟（4213个烟头），它们当然不是真的芙颂抽过的烟，芙颂本来就是个虚构的人物。帕慕克在2011年的夏天为每一个烟头都设定了一个具体的日期，在展览中它们按照

图 5-2　纯真博物馆展览内的陈列盒

图 5-3　纯真博物馆中对应小说第一章的展柜

年份从 1976 年到 1984 年，被排列在一面巨大的展墙上。[①]

因为故事本身是虚构的，纯真博物馆的展品也是帕慕克在旧货市场上寻

① Pamuk O. The Innocence of Objects[M]. New York：Harry N. Abrams，2012：228.

找购买而得，或者专门为了这个博物馆定制的。在展览的第一个盒子里，只有一只芙颂掉落的蝴蝶耳环，这只耳环具有很大的象征意义，甚至纯真博物馆的纪念印章用的也是这个蝴蝶形象。这个以虚构的小说为基础的博物馆，其实更像是一件以博物馆形式出现的大型艺术作品。在不考虑真实性的前提下，它已经具备了一个博物馆成立的必要条件，甚至拿到了 2014 年度的欧洲博物馆大奖，颁奖致辞中这样评价纯真博物馆：

> 评委们对纯真博物馆那种小型化、个人化、地方化的可持续发展模式留下了深刻的印象。它对收藏过程的心理意义进行了激进的探索，将实物展品当作隐喻、情感、记忆和文化的载体。纯真博物馆发明了博物馆的一种全新模式。①

当虚构"入侵"到展览真实性的领地时，我们需要警惕的是，多大程度的虚构是被允许的，是创新的，而虚构到了怎样的程度又违背了展览真实性的要求。当展览的真实性本身就具备了足够的复杂性，虚构在展现其意义的同时，也暗藏着破坏博物馆公信力的"杀机"。或许，我们应该重新审视展览故事生产的过程和虚构之间的微妙关系。

二、谁的故事

（一）故事的内在张力

到目前为止，展览故事尽管展现了其复杂性，但仍可称得上是策展人用来建构展览的强大工具。当我们把目光转向故事的内部，会发现其间不同利益相关方之间充满了张力。对故事所有权的竞争、对同一个故事的不同解释，无不影响着我们看待故事的方式、理解故事的真相。被裹挟在媒介发展洪流中的博物馆，面对的早已不再是在展览中单纯"聆听"故事的观众，而是随时可能对展览故事进行再理解、再表达的观众。

① 来自博物馆内陈列的获奖证书。

前面在讨论展览的时间线时,提到了这种单向度的历史展示方法隐藏了故事的讲述者。故事的所有权可能是导致故事内部张力的一大因素。谁拥有了故事,谁就拥有了对故事的解释权。展览故事的真实性要求,使得对于展览故事所有权的争夺事实上变成了不同群体对集体记忆及其解释权的争夺。

爱德华·林嫩塔尔(Edward Linenthal)在《保存历史:美国大屠杀纪念馆建立过程的争斗》一书中,回顾了美国大屠杀纪念馆从最初提议到最终建成的过程。在最初提议时,卡特政府的目的是建立一个纪念场所以缓和当时比较紧张的美国政府与犹太社区的关系。但是,事与愿违的是,大屠杀纪念馆的设计过程从最初的选择委员会代表开始就陷入了矛盾。犹太社区强调"大屠杀"(holocaust)一词只能用于表达二战时期德国人针对600万犹太人的屠杀行为,在他们的叙事中,犹太人是大屠杀的第一受害者(the first victim)。但是以波兰人、乌克兰人为主的东欧社区则声称,那些死于大屠杀的约500万非犹太人同样应该纳入到纪念的范围内。两个群体针对"大屠杀"究竟应如何定义,纪念馆应如何对犹太人和非犹太人进行回忆等问题进行了长时间的激烈争论。同时,大屠杀纪念馆的建设引发了亚美尼亚和吉卜赛后裔的激烈反应。这些族群的领袖认为,如果发生在二战时期的大屠杀应该被广为纪念,那么发生在这之前的针对亚美尼亚人和吉卜赛人的屠杀事件,同样应被纪念。而犹太群体不认为世界历史中有任何一场其他的大屠杀能够与犹太大屠杀相提并论。①

文化遗产应为全人类所共有这种看似正确的表述并不能缓解所有权竞争所导致的张力。人们担心的是,任何一个群体对故事的独占在展览中形成的单一叙事成为一种叙事霸权。这种霸权可能压制对于故事的其他解释,同时也压制了试图进行解释的不同群体。当然,我们也应该看到,围绕着故事所有权和解释权的一系列竞争,在展览室建设以及完成后的漫长时间里,持续引发着讨论,以及对故事本身的重新发掘和认识。这使得原本通过展览被固化下来的故事,有可能始终保持在动态的发展中。展览故事中的单一叙述

① Edward Linenthal. Preserving Memory: The Struggle to Create America's Holocaust Museum [M]. New York: Columbia University Press, 2001: 17-56.

通过这种张力，反而激发了在更大范围内对故事内部多元声音和复杂性的关注。

即便是在对所有权以及事实经过基本没有争议的展览故事中，不同叙事者身份所带来的不同立场与视角，同样可以产生差异性巨大的解释。

1994 年，美国国家航空航天博物馆计划以“广岛原子弹爆炸 50 周年”为题策划特展，展出当时在广岛投放原子弹的 Enola Gay 战斗机，以及受害者的家属见证，并讨论核武装备竞赛的议题。官方希望通过这个展览，唤起社会对于核武器使用和发展的反思。这个展览计划一经公布，就引起了极大的争议。以 Enola Gay 战斗机驾驶者为代表的美国退伍军人团体极力反对这一展览，认为是对美国军人的侮辱，他们无法接受对于当时美军使用原子弹的负面意见。认同这一观点的群体认为，Enola Gay 战斗机不应出现于反省原子弹使用的展览中。最后特展草草收场，原本计划的反省内容并未在展览中出现。展品本身无法发声，展览的主题决定了观众对于展品的解读。在这一展览风波中，观众对展品的解读做出了要求，这当中的美国退伍军人团体即是典型的拯救者。

而广岛原子弹事件中，作为受害者的广岛市民，在 1955 年就建立了广岛和平纪念馆，以受害者的身份倡导和平并致力于遏制核武器的扩散。原子弹在广岛的投放一方面加快了二战结束的进程，另一方面也使得日本从二战的肇事者转化为原子弹的受害者。肇事者和受害者身份的暧昧不清使得对于原子弹爆炸这一事件的解释产生了分歧。1996 年，联合国教科文组织将广岛原子弹爆炸中唯一保留下来的广岛县产业奖励馆遗址列入《世界遗产名录》，引发了大规模的争议。尽管联合国教科文组织解释将其列入《世界遗产名录》是为了警醒世人战争的残酷，呼吁和平、消灭核武器，但仍有人认为，此行为可能会导致日本对侵略战争的行为做出合理化的解释，并强化其核武器受害者形象。

不同展览通过不同的讲述方式，对同一事件的不同解释方式可能直接影响到观众对该事件的态度，甚至有可能改变历史评价。这同样也提醒了我们，在那些没有引发大规模争议的展览中，叙述者的身份是不是也实际影响了观众对于故事的理解？展览策划人在用展览讲故事的时候，真的有可能保持完全中立吗？在展览内部无法建立起对话的时候，观众应该怎样进行理解,他们所看到的故事可能只是故事的一种解释。

(二)叙述的共同体

对故事所有权和解释权的争夺导致了展览故事的内在张力,叙述主体的身份则进一步让故事的归属扑朔迷离。从叙述者如何观察人物的角度出发,热内特所提出的叙事聚焦理论分为无聚焦、内聚焦、外聚焦三种。[①] 无聚焦又称为上帝视角,其特点是没有固定的观察位置,叙述者全知全能,可以从任何角度、任何时空来进行叙述。内聚焦是一种内视角,可以借助一个人物的意识感知,从这个人的视角出发来讲述其所见的世界与体验,内视角也可以在不同的人物之间流转,从多个视角来观察一个事物,从而实现多重视角。外聚焦是一种外视角,这是一种非人格化的叙述视角,可以形成情绪上的冷漠与疏离感。

展览中常用的叙事视角通常是无聚焦的全知视角,这种叙事视角的选择也可以称为第三人称叙述。在具有概括性质的文字叙述中,展览常常会使用全知视角,例如前言、单元小结的文字。贝德福德认为,展览为了拉近和观众的距离,应该多采用第一人称。[②] 第一人称在叙事展览中的使用可以分为两种情况:一种情况是策展人通过隐含作者以第一人称的方式向观众讲述,这通常体现在展览各层级的图版文字中;另一种情况是内聚焦的方式,即展览的叙述者例如某一事件的亲历者通过影像记录的方式向观众进行讲述。

不论用哪一种叙事视角,我们应该关心的是:在展览中真正的叙述主体是谁?观众听到的是谁讲述的故事,是谁发出的声音?在美国大屠杀纪念馆的基本陈列中,真正的叙述者并不是在二战中遭受大屠杀命运的社区,“广岛原子弹爆炸50周年”特展的叙述主体也不是美国退伍军人团体。在美国大屠杀纪念馆的基本陈列中,讲述整个故事的实际上是一个观念性的存在,这个观念性存在代表了社会主流的意见,在国家级的博物馆中,这一观念性存在通过展览,成为一种权威话语的表达。而创造这一存在的策展人,不论是个人还是群体,作为展览故事的真实作者,在其中又扮演了什么样的角色?

---

① 热奈特.叙事话语 新叙事话语[M].王文融,译.北京:中国社会科学出版社,1990:129-130.

② Leslie Bedford. The Art of Museum Exhibitions: How Story and Imagination Create Aesthetic Experiences[M]. California: Left Coast Press, 2014: 105-106.

在批判遗产研究（critical heritage studies）领域，劳拉·史密斯（Laurajane Smith）认为存在一种遗产权威话语（authorized heritage discourse）。这是指关于遗产的本质与意义的假设自然化的那套话语，其特点包括与民族国家和民族性相关的观念，通过纪念性和审美性来定义不朽的文化价值。权威化遗产话语也是一套专业话语，它赋予专家特权，让他们来评判过去及其物质显现的价值，并主导和规定专业化的遗产实践。[①] 权威化遗产话语背后的权力关系肯定了一部分人有能力和权威为遗产代言，而另一部分人则不能；肯定了精英阶层的经验和价值，而边缘群体的历史、文化和社会经验被排除在外，从而限制了关于被设定的社会与文化价值的广泛讨论；遗产被看作是接受来自各类专家的智慧与知识的过程，从而在专家、遗产和访客之间建立起从上至下的关系模式。[②]

作为保存与展示遗产的场所，博物馆长期以来也存在类似的权威话语。遗产领域面临的挑战是谁可以定义遗产；谁有权力解释遗产价值；谁可以确定遗产怎样阐释，为谁阐释。对博物馆来说，对应的问题成了谁来界定哪些物可以成为藏品，怎样理解这些藏品的博物馆性，如何讲述这些藏品的故事。事实上，博物馆存在比遗产界更为森严的权威话语。即使在博物馆化拓展之后，可以进入博物馆的遗产依旧相当有限，对藏品的甄别、定级、分类其实都是遗产权威话语表现，博物馆里的专业人员往往天然地认为自己具备这种权威。

不同于小说和电影的真实作者，展览的策划人拥有的表达自由度要低得多，受制于展品资源、学术观点，以及其他的利益相关方，策展人最后所表达的未必是自己认同的观点。作为一种公共文化产品，博物馆的权威话语决定了展览故事的讲述方式和故事的意义。在一定程度上，可以认为权威话语就是展览中观念式的存在。然而，不能认为策展人就彻底沦为了权威话语的工具，策展人与权威话语之间的紧张关系存在于整个展览故事的生产过程中。更多时候，策展人也是权威话语的一部分。

中国博物馆的展览策划机制在近10年中发生了巨大的变化。由于缺乏

---

① 史密斯.遗产利用[M].苏小燕，张朝枝，译.北京：科学出版社，2020：5-14.

② 史密斯.遗产利用[M].苏小燕，张朝枝，译.北京：科学出版社，2020：15-17.

专业人员，在相当长的时间里，中国博物馆内部都没有类似于西方博物馆curator的专业人员。[①] 展览的策划常常需要依赖外源性策展人，外源性策展人包括高校等研究机构的专业研究人员展览设计公司等。而从近几年博物馆新展建设呈现出的趋势来看，博物馆正在把策展的工作逐渐收归馆内，可以感受到成长中的博物馆专业人员旺盛的表达欲。然而策展人从外源性到内源性的转变，并不会改变故事所有者、真实作者与隐藏作者互相分离的现状。在一个真诚的展览故事的讲述过程中，故事的所有者、策展人以及展览中的叙述主体应该是统一的。即便他们不完全是同一个群体，也应该是某种共同体关系。

生态博物馆和社区博物馆的发展中似乎可以看到这种统一的可能性。尽管生态博物馆概念从提出至今都很难寻找到一个被公认成功的案例，社区博物馆更被认为是一种博物馆的乌托邦。但不成功或者乌托邦的评价，是否是源于我们对于生态博物馆和社区价值认知的错位？尹凯认为，生态博物馆运动应该在理论层面和实践层面抛弃文物学所谓的价值评价体系，而采纳遗产话语体系。[②] 如果把生态博物馆和社区博物馆与遗产一样都看作是一个过程，而不是终极产品，那我们以往的博物馆评价标准可能都不再适用了。

不论是生态博物馆还是社区博物馆，地方都是关键的概念。严建强认为地方博物馆是依托于特定地域社会的在地式博物馆，随着民族国家与区域社会的出现而形成，负有系统收集本地区社会记忆载体，并进行整理、研究和传播的使命。[③] 这里的地方博物馆是与泛地域博物馆相对的一组概念。尽管地方博物馆的使命中包含了对本地区社会记忆的整理、研究和传播，但在目前地方博物馆的实践中，它仅仅是国家层面知识权力结构的地方表达，地方博物馆所追求的地方性与社区博物馆追求的地方性并不相同。

地方博物馆保存本地的社会记忆，并将其展示给本地居民和希望了解这个地方的外地游客。其地方性体现在对于本地文化的收藏与表达，它往往发

---

① 尽管curator一词目前常常被翻译为"策展人"，但这一翻译仍有较大的争议，被认为是一个误译之后又广泛流传的说法。沈辰在《众妙之门：六谈当代博物馆》一书中，从他自己在加拿大皇家安大略博物馆任职curator的职业经历出发，谈到展览策划仅仅是curator在博物馆内众多工作中的一项。这里讨论的策展人，指的是展览的内容策划人或团体。

② 尹凯．生态博物馆：思想、理论与实践［M］．北京：科学出版社，2019：175

③ 严建强，邵晨卉．地方博物馆：使命、特征与策略［J］．博物院，2018(3)：70-78.

挥了地方文化展演的功能，不少地方政府都希望博物馆能成为地方的文化名片，或城市会客厅。而社区博物馆的地方性应该体现在社区成员自己决定：什么东西可以成为展品，应该被怎样展示？哪一些故事应该被讲述，应该被怎样讲述？社区中的哪些成员可以成为这些故事的讲述主体？社区博物馆是面向社区内部的，是社区自我管理实践的过程，因此社区外部的评价并不那么重要，也不需要用统一的标准体系来评价社区博物馆。在这样的实践中，故事的所有者、策展人以及展览中的叙述主体具有了统一为整体的可能性，但其必然夺走外部策展人和博物馆权威话语的权力。可以想象，博物馆人在推动生态博物馆与社区博物馆发展中的矛盾感，社区博物馆的成功意味着传统博物馆人在这一领域话语权的消失。

这是对于博物馆权威话语的一种反抗和消解。通过建立展览叙事共同体，策展人不再和现有的评价体系捆绑在一起，社区可以根据自己的需求设定展览的主旨和传播目的。然而从实践的角度来说，叙事共同体的建立面临着多重困境。展览经费的来源、社区成员的身份认同意识，以及对于博物馆展览评价的惯性思维都阻碍着共同体的形成。但不妨把这种尝试，和社区博物馆一样，都看成一个过程，而非最终的目的。

/ 第六章 /

从此以后:故事的结局

在赫拉利的理论中，人类很早就获得了讲故事的能力。共同虚构的故事，不管是《圣经》的《创世记》还是澳大利亚原住民的"梦世记"(Dreamtime)，都给予智人以前所未有的能力，让我们得以集结大批人力，灵活合作，甚至连现代所谓的国家其实也是基于一种想象。农业革命让人能够开创出拥挤的城市、强大的帝国，接着人类就开始幻想出关于伟大的神灵、祖国的故事，建立起了地球上前所未有的大型合作网络。不管是美索不达米亚的古代城市，还是秦朝和古罗马的帝国，都只是"由想象所建构的秩序"。支持它们的社会规范既不是人类自然的天性本能，也不是人际的交流关系，而是他们都相信着共同的虚构的神话故事。[①] 然而故事真的具有如此摧枯拉朽、神迹般的力量吗？

当现代博物馆在珍奇柜中诞生的时候，人们还没有产生讲故事的意识，人们所拥有的是一种描述的能力。这些偶然藏品并不是单纯的展示物，而代表了观念世界的一个分支。藏品的陈列成为一种世界观念的描述，因其不具备时间维度，没能成为故事的容器。

我们对于叙事展览的探索从博物馆的前故事时代开始，经历了对展览叙事结构的剖析和展览故事生产模式的讨论，最终落在故事讲述的理想上。这既是为了探索展览故事的本质，寻找展览故事讲述的方法，同时也是对故事"祛魅"的旅程。这一旅程始终伴随着几个挥之不去，却直到最后也没有明确结论的问题。在这里，作为一种开放的故事结局和各位分享。

① 赫拉利. 人类简史：从动物到上帝[M]. 林俊宏，译. 北京：中信出版社，2017：23，99-101.

一、叙事理论并不能生产出精彩的展览,为什么还要研究展览叙事?

作为一个策展人,我本能地想要探索建构展览的新方式,故事是在探索过程中遇到的一个解决方案。它从来不是最好的,也不是唯一的答案。在我策展经历的早期,故事甚至是被中国博物馆界所拒绝的。这一方面是由于对于故事在中文语境所含有虚构的意味,另一方面则是由于故事这个概念过于平常,显得不够有新意。在政策层面出现"讲好中国故事"的提法之后,博物馆界对于故事的顾虑一下子瓦解了。策展人和设计师都热衷于讨论怎样讲好中国故事,怎样用文物来讲故事。眼见着博物馆的IP,就要从文创产品的设计,转向更宏大的"中国故事宇宙"。也许在不久的将来,炎帝和黄帝的故事不再仅仅是博物馆里展示的传说故事,而是借由博物馆成为构建今天"中华儿女"认同的基石。这一转变相当耐人寻味,中国博物馆界对于故事的拥抱,并不是学术世界叙事转向的一部分,而是对于国家认同建构的响应。

遗憾的是,叙事理论本身并不提引人入胜的叙事作品。畅销书作家未必懂得叙事焦点的理论,卖座的电影导演也未必知晓真实作者和隐藏作者的区别。一个在红学领域成为泰斗的学者,可能一辈子也写不出在文学领域里和《红楼梦》有类似高度的作品。同样地,一个做出了精彩叙事展览的策展人未必会从理论层面理解展览叙事。这个世界固然存在所谓的学院派作家,但在小说的领域,学术背景未必能让他们创造出更吸引人的小说。在电影领域也许有所不同,那些受过科班电影教育的导演或许会探索新的电影形式和语言,但在电影市场中最卖座的依然是好莱坞式的商业电影。这些商业电影诚然套路,但也培养起了观众的观影模式,不按照这种套路进行编剧的电影,可能是艺术电影,但更大概率是票房毒药。因为观众已经习惯了这种叙事结构,这种能够猜到结局,或者角色成长过程的观影体验,让观众觉得自己是聪明的,即便是反转也变成了一种固定节目。好莱坞的编剧们更是创造出了一套故事模板,进一步固化电影故事的生产模式和观众的观影模式。

既然叙事理论既不能为展览提供有趣的故事,为什么我们还要继续研究展览叙事呢?从我个人的兴趣来说,也许是源于对于展览故事本质的探求。

为什么江户东京博物馆明明已经建成多年,在展示技术的使用上堪称复古,却可以让我在参观后生出一股在同类型中难有超越可能的敬意。仅是展览开场的一座木桥(见图 6-1),就连接了当下与江户时代,似乎走过这座桥就能进入一片浮世绘的图景中。相比江户东京博物馆的大开大合,横滨历史博物馆则显得规规矩矩、一板一眼。原始Ⅰ、原始Ⅱ、古代、近世、近现代,5 个展室在展示结构上完全一样,展示手法更是守旧。这样的陈列设计方案在今天的中国博物馆界断然没有通过评审的可能性,却清晰地讲述了横滨从史前到近现代的发展故事,并让人觉得这种平常却有效的历史讲述方式是可以复刻到其他历史展览中的。同样是日本的城市历史博物馆,前者就像黑泽明导演的《梦》,华丽旖旎,后者则是小津安二郎的《东京物语》,细腻而克制。两种风格完全不同但都值得学习的展览叙事,我们通过展览叙事的研究也许可以在更深层次上分析出它们成为好故事的原因。

图 6-1　江户东京博物馆中的木桥

反观国内的历史博物馆,它们或者以藏品的分类陈列为主,或者在通史的框架上讲着近乎相同的故事。在江南地区,我们可能很难分辨出一座城市和另一座城市的历史博物馆陈列有什么区别。程式化当然也是一种风格,横滨历史博物馆的 5 个展室就用了程式化的陈列方式。京剧也可以称得上是程式化艺术,然而程式化并不是重复和固化。

话剧《大明崇祯五年》,讲的是约 400 年前的故事,演员却全体褪去了古装,穿上了现代服装。事实上,在欧美的剧场,莎士比亚的戏剧也不再是必须穿着旧时衣裳的古典悲喜剧。《王子复仇记》甚至有了京剧版本,冯小刚导演的《夜宴》也对《哈姆雷特》进行了中国化、电影化的改编。在美国大火的百老汇音乐剧《汉密尔顿》启用非裔美国人来饰演美国宪法起草人、第一任美国财政部部长亚历山大·汉密尔顿,演出中使用了大量的说唱音乐。这些老故事的新讲述,并不完全是在迎合观众口味的基础上创作出来的。叙事形式的新探索是叙事研究的重要目的。

对于博物馆展览来说,可能并不存在所谓的优秀故事模板,但这并不妨碍我们继续探索展览叙事的可能性。正如我在第五章中提出了叙述的共同体概念,尽管我还没有在任何一个博物馆案例中看到这种模式的成功,甚至社区博物馆本身都被不少学者认为是一种博物馆乌托邦,但在 2015 年之前,美国观众大概也没有想过可以由非裔美国人来饰演 10 美元纸币上的开国元勋。

二、什么是好的展览叙事?

很长一段时间,我都困惑于展览叙事是否存在一个判断故事好坏的标准。前面提到的江户东京博物馆的故事和横滨历史博物馆的故事,都称得上是好的故事,但显然它们不属于同一种“好”。在相当长的一段时间里,参观人数与观众的评价是博物馆管理人员最看重的展览质量指标。但如果以吸引眼球的标准来判断,2019 年吐鲁番博物馆推出的与千年古尸同眠活动让其堪比 19 世纪的巴纳姆美国博物馆(Barnum's American Museum)。

1842 年,巴纳姆(P. T. Barnum)在纽约开办了美国博物馆。这是一个集合了动物园、博物馆、蜡像馆、剧院和怪胎秀的综合体。巴纳姆以怪异的展品招徕大批观众,他们在这个所谓的博物馆里可以看到有着英雄故事的大象、侏儒症患者,其中最有名的是斐济美人鱼。这是一具由风干的幼猴上半身与鱼下半身缝合而成的木乃伊伪标本。鱼鳞上粘有动物毛,胸部长着下垂的乳房。它是巴纳姆的众多骗局之一,他向观众谎称该美人鱼是在南太平洋斐济附近的海域捕获的。[①] 之后，巴纳姆带着他的马戏团巡演“世界上最伟大的秀”（“Greatest Show on Earth”），获得了空前的成功。在根据巴纳姆的经历改编的电影《马戏之王》（*The Greatest Showman*）中，我们还能看到当时怪胎秀（freakshow）的流行，人们对畸形的人体充满了好奇。

这种猎奇心态也许是深深根植于人们的基因中的，皮特·里弗斯博物馆（Pitt Rivers Museum）里展示的干缩人头就是广受欢迎的展品。这些展品是舒阿尔人大约 100 年前制作的，他们生活在安第斯山脉的热带丛林里和厄瓜多尔及秘鲁的亚马逊低地地区。舒阿尔人的猎头传统至少可以追溯到 16 世纪，全盛时期则是在 19 世纪晚期。当时的收藏家和普通观众都对干缩人头表现出了极大的兴趣。伪善的收藏家们一边谴责猎头是野蛮行径，一边则到处搜寻人头，拿到国内去展览。19 世纪末，科学家似乎也受到了“猎头风潮”的影响。《人类学笔记与疑问》（*Notes and Queries on Anthropology*）是早期英国人类学田野调查工作的标准教科书，初版于 1874 年，书中建议，“应当尽可能把”土著人的骨骼和骷髅带到英国，供专家分析。此外，如果“在战斗或其他杀戮之后，能够获得一个土著人带有柔软部位的头颅”，就应当把它包起来，装在一小桶酒或海水里，送回国内。第二版出版于 1892 年，其推荐的方法甚至更加周详：“普通旅行者也可以搜集骨骼、头发，甚至身体部件的标本，比如手、脚、脑髓，或整个人头，把它们寄给我们的实验室或博物馆，让技能熟练的解剖学家分析它们的特征，从而为促进这一学科更专业化的研究做出贡献。”[②]2020 年 9 月，因为疫情闭馆的皮特·里弗斯博物馆宣布将在重新开馆前移除干缩人头和其他 120 具人类遗骸，并将妥善处理其收藏的约 2800 具人类遗骸。[③]

不得不承认，博物馆利用观众猎奇心的做法，从珍奇柜时代开始就一直延续到现在。在消费主义的浪潮中，我们看到不少博物馆在展览设计阶段就要求设置“网红打卡点”，并将其作为重要的“卖点”广为宣传。博物馆尤为看重的观众拍照打卡，并在社交媒体上发布照片的行为。一种奇观性风潮正在

---

① Levi, Steven C. P. T. Barnum and the Feejee Mermaid. [J] Western Folklore, 1977(2): 149-154.

② 拉尔森. 人类砍头小史[M]. 秦传安，译. 海口：海南出版社，2016.

③ https://www. museumsassociation. org/museums-journal/news/2020/09/pitt-rivers-museum-removes-shrunken-heads-from-display-after-ethical-review/#.

回归博物馆,只展示恐龙骨架化石已经不足以满足观众了,博物馆希望展示复原的恐龙,甚至复原的恐龙也不够吸引眼球了,会动、会叫的机械恐龙正在成为流行的新宠。这种对猎奇心的满足,有时候让人困惑于参观的究竟是恐龙主题游乐园还是博物馆的古生物展览。

我们是怎么样来评价其他的叙事媒体的?对于一部电影的评价,我们有时候会认为它的故事情节有趣,有时候欣赏的却是取景运镜、演员表演、台词对白,或者观察视角意义上的好。我们对一个叙事的判断,并不是简单二分法的好坏,甚至这种判断是局部的。一个好的故事情节,也可能会造就一个糟糕的叙事作品。在电影里,当镜头、配乐、表演出众的时候,我们也有可能会说这是一种形式主义,导演连最基本的故事也没有讲好。可是对故事文本的追求,还是作者的目标吗?在文学的领域,故事情节似乎已经不是唯一的追求了,一味根据读者的喜好设置曲折翻转的情节更像是网络爽文作家的行为。

如果回想本书提到过的案例,美国大屠杀纪念馆当然也是我觉得讲述得相当精彩的展览故事。但这并不是说第二次世界大战时德国纳粹对于犹太人、吉卜赛人及其他一些少数族裔的种族灭绝行径是精彩的,历史事件本身相当沉重,对任何观众来说都不见得是一个积极的故事。让我觉得精彩的,一方面是展览三幕剧式的结构,另一方面是其对于叙事环境的营造。我清楚地记得,在展览的参观过程中,突然听到头顶上方传来沉闷的脚步声,抬头只能看到鞋底在钢制网格的天花板上经过,并不知晓是谁的脚步,也不清楚为何在观众的头顶跑过,这种糟糕的感觉让我觉得自己就好像是正受困于集中营的犹太人。继续参观展览,走到上一层,才发现,原来是另一层的观众走过了这段钢网地面,发出怦怦怦的响声。鞋底和钢网撞击的声音,就像直接击打在心脏上一般令人不安。另一次让我觉得难忘的参观体验发生在展览的结尾。在开始参观展览的时候,每个观众都会领到一张身份卡片,要一直保留到展览的最后,观众可以查询这个自己被赋予的身份最后的命运。这种身份的带入展现了叙事展览强大的情绪共振能力。在从宏大叙事转移到个体命运的过程中,观众对一个陌生人的遭遇产生了共情,因为这个陌生人的身份被赋予了观众,也因为这个陌生人就像大部分观众一样只是一个普通人,有自己的家庭,有一份工作,当观众带入这个身份,会意识到同为普通人的自己也可能会经受一样的遭遇。

抛开故事的内容,抛开讲述的技巧,也许能让观众产生共情的叙事展览就是一个好的展览故事。但也许每个观众心里都有一个想要打开的珍奇柜,展览故事应该提供打开它的钥匙,还是让观众忘记这个柜子的存在,又或者彻底从柜子里走出来?

三、后真相时代,我们如何继续用展览来讲故事?

在后真相时代,真相并不是消失了,而是可能有多个真相同时存在,并且互相竞争。在讨论故事内在的张力时,我们就讨论了不同族群对于"大屠杀"一词的争夺,这本质上是对于故事所有权的争夺。当真相变得扑朔迷离,我们该如何继续讲述故事?

作为一种传播手段,叙事在博物馆界正被广泛使用,然而在展览讲述故事的同时,博物馆并不愿意放弃权威的身份,宏大叙事在博物馆权威话语的保护下,牢牢地根植于展览的深层次结构中。曾经展览呈现出来的社会达尔文主义倾向,被进步主义叙事所代替。19世纪早期的世界博览会也是一样的情况,科技史学家威廉·惠威尔(William Whewell)在1852年写道,水晶宫世博会是建立在一个假设的基础上的:在使用和装饰艺术的领域,世界永远在向前发展,从一个阶段到另一个阶段。不同的国家处于不同的发展阶段,这些不同的阶段可以在一次世博会上被全部看到。人类学史专家朱利安·法北安(Julian Fabian)描述了这种形式的基本原理:不仅是早前的文化,所有现存的社会都不可逆转地被安放在一个时间的斜坡上,时间的洪流一些向上,一些向下。皮特·里弗斯博物馆曾经的展览也借用了类似的基本原理,把所有的展品按照使用方式和从简单到复杂的发展进程来陈列。

不论是自然史展览还是人文历史展览,"进化""发展""向前""提升"这样的字眼都仍然是一种基本的论调。近30年经济和技术的高速发展给了我们一种错觉,似乎世界会一直以这样的速度前进,就像时间的河只会向前流动。然而只需稍稍回看历史,就会发现,漫长的停滞可能才是人类社会的约300万年的时间才从南方古猿演化成人类,阿舍利石器流行了近150万年,一直到约40万年前,在现今的德国地区,人们才开始通过投掷矛头抓捕大型猎物。今天我们所使用的智能手机的芯片在运算能力上可能远超于许多航天器的芯片,然而自1972年之后,人类就再也没有亲自登上过月球。我们过度沉迷于进步主义的叙事,以至于2019年底发生新冠肺炎疫情全球大流行以来,我们不断地听到历史倒退这样的说法。然而,历史并没有固定的走向,又何来倒退。相比之下,历史的重演倒是恰当得多。

在展览习以为常的宏大叙事中,厌倦的情绪也在滋生。个体化、私人化的叙事出现在博物馆中。在反宏大叙事、去权威化的展览中,个体口述的故事或民族志式的记录正在扮演越来越重要的角色。少数族裔、家族史、亚文化社区、女性视角都开始被重视,甚至一些红色主题的展览也不再保持原来那一套伟光正的叙事话语,而开始关注不同年龄、不同身份的叙事主体。

2014年,英国的维多利亚与艾尔伯特博物馆(简称V&A博物馆)举办了"不合作之物"("Disobedient Objects")的临展(见图6-2),展出了大批在民间社会运动中被用来表达抗议的艺术品和设计。相比V&A博物馆常设陈列中的展品,这些"不合作之物"可以说得上是粗糙甚至简陋的,但它们罕见地在博物馆中发出了不同少数族群的声音。其中有一张创作于1989年的游击队女孩海报。海报中,原本由安格尔(Jean-Auguste-Dominique Ingres)绘

图6-2　"不合作之物"展览

画的裸体女性形象头戴着大猩猩的面具,旁边巨大的粗黑字体发出诘问:女性一定要裸体才能进入大都会艺术博物馆吗?下面的统计数据显示,在大都会艺术博物馆展示的现代艺术中,不到5%的艺术家是女性,但85%的裸体是女性。我们也许很不习惯在博物馆中看到如此直接的抗议表达。长期以来,博物馆以一种圣地模式存在,观众陶醉于宏大叙事所表现出的人类进步、辉煌的文明中,却很少思考博物馆为什么要讲述这样的故事。

个体化的叙事为展览带来了新的视角和反思的机会,却也很容易沦为宏大叙事的一部分。在展览中呈现不同的叙述声音也同样重要。在英国的利物浦博物馆(Museum of Liverpool),有一个"人民的共和国"("People's Republic")展览,其中展示了利物浦市民对战争、移民、居住环境、药物滥用、同性婚姻等社会议题的不同看法。2013年,方舟子和崔永元就转基因食品的安全问题进行了持续几个月的"骂战",不仅双方近2000万微博粉丝参与了辩论,更引发全国数亿网民的参与和讨论。2014年,在策划隆平水稻博物馆的时候,展览中特地设计了关于转基因食品安全与否的不同观点的表达,并邀请观众参与现场投票。

叙事从来不是展览唯一的或是最好的方法,展览叙事的核心是博物馆从对"物"的关注持续转向对"人"的关注,但是开始讲述故事远不是展览叙事的终点。

四、展览叙事会走向哪里?

2018年,电视剧《黑镜》(*Black Mirror*)特别集"潘达斯奈基"(Bandersnatch)中,观众可以在观影的过程中为角色做出不同的选择,从而引发不同的剧情,就像一个多支线情节的RPG游戏。2021年,《黑客帝国:复活》(*The Matrix Resurrections*)第一次放出预告片,在交互式网页中,这次的预告片多达18万种,在观看前,观众无法预料自己会看到的是哪一种。影视剧这种游戏化的尝试,是不少叙事媒介共同努力的方向,不论是需要观众跟随演员在麦金农酒店里奔跑穿梭的《不眠之夜》,还是需要通过推理解谜的方式来阅读的小说《S.忒修斯之船》,叙事的游戏化尝试都在提供一种更为私人的体验。

当博物馆还没解决遗产领域的忒修斯之船问题时,数字化技术已经悄然改变了遗产利用的方式。美国博物馆联盟在 2014 年的博物馆趋势报告中就指出了大数据将对博物馆产生深远的影响。① 这一年,互联网巨头还没有对每一个用户的行为和偏好掌握得如此透彻,而现在购物网站可能比你更了解你自己。这一年,阿尔法围棋(Alpha Go)刚开始开发,研发人员还不知道这款人工智能围棋软件将在两年后击溃人类围棋世界冠军。

本书所讨论的展览叙事都是基于实体空间的,然而这并不是忽视数字化技术对于博物馆展览的冲击,事实上,我认为展览的数字化是不可避免的趋势。当然,数字化展览并不是简单地把实体展览的影像搬运到互联网上。根据不同的介入终端和用户需求,数字化博物馆应该可以为每一位用户提供他所想要的展览。在这种"参观情境"中,传统的展览故事讲述方式显得无比单薄、乏味。这并不是说,数字化的故事讲述将彻底替代线下的实体展览。技术门槛、硬件要求、网络环境、数字化的展览的接入并不是对所有的人都是平等的,目前的数字化技术暂时还无法超越实体展览空间带给观众的体验。而人类对于"实在物"的心理需求,也会让实体博物馆继续存续下去。

数字化技术的发展让我们无法预测之后博物馆的故事讲述会发展成何种形态。也许每个人都可以在博物馆中找到属于自己的叙事;也有可能数字化技术进一步强化了叙事的统一性,就像互联网流行对于人们日常语言表达的影响一样,推荐算法悄无声息地"消除"用户的多样性,我们以为的个人选择与自由意志都是被事先计算好的,最终无数的故事重合成同一个声音。当我们挂在博物馆用故事编织起来的意义之网上时,很难判断接下来会迷失在小径分叉的花园,还是闯进一个看不见的城市。就像很多故事的结局一样,展览叙事的结局也是开放的。

---

① https://www.aam-us.org/2014/05/01/a-geyser-of-information-tapping-the-big-data-oil-boom/.

参考文献

英文部分

[1] Abbott H. Porter. The Cambridge Introduction to Narrative[M]. Cambridge: Cambridge University Press,2008.

[2] Alice M. Greenwald. No Day Shall Erase You:The Story of 9/11 as Told at the September 11 Museum[M]. New York:Shira Rizzoli Publications, 2016.

[3] André Desvallées. Key Concepts of Museology[M]. Paris: Armand Colin,2010.

[4] Andrew McClellan. The Art Museum from Boullée to Bilbao[M]. Berkeley: University of California Press,2008.

[5] Bruce W. Ferguson, Reesa Greenberg, Sandy Nairne, Thinking About Exhibitions[M]. London;New York:Routledge,2005.

[6] Jennifer Carter. Narrative and Imagination:Remaking National History at the Musée des Monuments Français,Paris[M]//National Museums: New Studies from Around the World. London; New York: Routledge, 2011.

[7] Clark Clifford E. Minnesota A to Z[J]. Journal of American History, 1993 (1):219-222.

[8] Daniel Rosenberg, Anthony Grafton. Cartographies of Time: A History of the Timeline[M]. Princeton:Princeton Architectural Press,2013.

[9] Edward Porter Alexander, Mary Alexander. Museums in Motion: An Introduction to the History and Functions of Museums[M]. Lanham:

Rowman Altamira,2008.

[10] American Alliance of Museums. Excellence in Exhibition Label Writing Competition[EB/OL]. (2017-11-21)[2018-10-01]. https://www. aam-us. org/programs/awards-competitions/excellence-in-exhibition-label-writing-competition/.

[11] Fernand Braudel. On History [M]. Chicago: University of Chicago Press,1982.

[12] George E. Hein. Learning in the Museum[M]. London; New York: Routledge,1998.

[13] Gerald Prince. A Dictionary of Narratology[M]. Lincoln: University of Nebraska Press,2003.

[14] Francesaco Fiorani. Reviewing Bredecamp[J]. Renaissance Quarterly, 1998,Spring:268-270.

[15] John H. Falk, John J. Koran Jr. , Lynn D. Dierking, et al. Predicting visitor behavior[J]. Curator: The Museum Journal,1985(4):249-258.

[16] Hayden White. The value of narrativity in the representation of reality[J]. Critical Inquiry,1980(1):5-27.

[17] Hayden White. The Content of the Form: Narrative Discourse and Historical Representation[M]. Baltimore: Johns Hopkins University Press,2009.

[18] Hayden White. The Tropics of Discourse[M]. Baltimore: Johns Hopkins University Press,1978.

[19] CXOTalk. Interview with Sree Sreenivasan, Chief Digital Officer, Metropolitan Museum of Art[EB/OL]. (2014-12-10)[2018-10-01]. https://www. cxotalk. com/episode/sree-sreenivasan-chief-digital-officer-metropolitan-museum-art.

[20] Jay Rounds. Strategies for the curiosity-driven museum visitor[J]. Curator: The Museum Journal,2004(4):389-412.

[21] Jean-Michel Adam. Les Textes: Types et Prototypes: Récit, Description, Argumentation, Explication et Dialogue[M]. Paris: Armand Colin,

2011.

[22] Jeshajahu Weinberg. A narrative history museum[J]. Curator: The Museum Journal,1994(4):231-239.

[23] Jean-Pierre Prévost. André Gide et André Malraux: l'amitié à l'oeuvre [M]. Paris: Gallimard, 2018.

[24] Jerome Bruner. Acts of Meaning: Four Lectures on Mind and Culture [M]. Revised ed. Cambridge: Harvard University Press, 1990.

[25] Jure Mikuž, Janez Höfler, Samo Štefanac. The Dictionary of Art[M]. Oxford: Grove, 1996.

[26] Knell Peter Aronsson, Arne Bugge Amundsen. National Museums: New Studies from Around the World[M]. London; New York: Routledge, 2014.

[27] Leslie Bedford. Storytelling: The real work of museums[J]. Curator: The Museum Journal, 2001(1):27-34.

[28] Leslie Bedford. The Art of Museum Exhibitions: How Story and Imagination Create Aesthetic Experiences[M]. California: Left Coast Press, 2014.

[29] Steven C. Levi. P. T. Barnum and the Feejee Mermaid. [J]. Western Folklore, 1997(2):149-154.

[30] Marco Del Vecchio, Alexander Kharlamov, Glenn Parry, et al. The Data Science of Hollywood: Using Emotional Arcs of Movies to Drive Business Model Innovation in Entertainment Industries[R]. Rochester: Social Science Research Network, 2018.

[31] Michael Berenbaum. The World Must Know: The History of the Holocaust as Told in the United States Holocaust Memorial Museum[M]. Revised ed. Baltimore: Johns Hopkins University Press, 2005.

[32] Michel Foucault. The Order of Things: An Archaeology of the Human Sciences[M]. London: Psychology Press, 2002.

[33] Mieke Bal. Telling, showing, showing off[J]. Critical Inquiry, 1992(3): 556-594.

[34] Pamuk O. The Innocence of Objects[M]. New York: Harry N. Abrams,

2012.

[35] Peter Gay. Style in History[M]. New York:Norton,1988.

[36] Pomian Krzysztof. Collectors and Curiosities:Paris and Venice 1500—1800 [M]. Cambridge, UK: Polity Press; Cambridge, USA: Basil Blackwell,1990.

[37] Roland Barthes. Lionel Duisit. An introduction to the structural analysis of narrative[J]. New Literary History,1975(2):237-272.

[38] Seymour Chatman. Story and Discourse:Narrative Structure in Fiction and Film[M]. New York:Cornell University Press,1980.

[39] Smithsonian Institution Office of Policy and Analysis. Multiple Perspectives on America on the Move at the National Museum of American history [R]. Washington:Smithsonian Institution,2005.

[40] Smithsonian Institution. Smithsonian Institution Annual Reports 1992[R]. Washington:Smithsonian Instution,1992.

[41] Steve Conn. Do Museums Still Need Objects? [M]. Philadelphia:University of Pennsylvania Press,2010.

[42] Steven Lubar. Timelines in exhibitions[J]. Curator:The Museum Journal, 2013(2):169-188.

[43] Susan M. Pearce. Museums,Objects and Collections:A Cultural Study [M]. Leicester:Leicester University Press,1992.

[44] Suzanne Macleod, Laura Hourston Hanks, Jonathan Hale. Museum Making:Narratives, Architectures, Exhibitions[M]. London Oxford:New York:Routledge,2012.

[45] U. S. Holocaust Memorial Museum. United States Holocaust Memorial Museum,Annual Report, 2002: The First Decade[M]. Washington: Holocaust Memorial Museum,2002.

[46] Walter Fisher. Human Communication as Narration:Toward a Philosophy of Reason,Value,and Action[M]. Columbia:University of South Carolina Press,1989.

[47] William S. Walker. A Living Exhibition: The Smithsonian and the

Transformation of the Universal Museum[M]. Amherst: University of Massachusetts Press, 2013.

译著部分

[1] 阿斯曼,潘璐. 回忆空间:文化记忆的形式和变迁[M]. 北京:北京大学出版社,2016.

[2] 阿斯曼,译金寿福,黄晓晨. 文化记忆:早期高级文化中的文字、回忆和政治身份[M]. ,译北京:北京大学出版社,2015.

[3] 阿斯曼. 文化记忆:早期高级文化中的文字、回忆和政治身份[M]. 金寿福,黄晓晨,译. 北京:北京大学出版社,2015.

[4] 巴尔. 叙述学[M]. 谭君强,译. 北京:中国社会科学出版社,2003.

[5] 博尔赫斯,王永年. 小径分岔的花园(博尔赫斯全集)[M]. 上海:上海世纪出版集团,2015.

[6] 查尔尼娅维斯卡. 社会科学研究中的叙事[M]. 鞠玉翠,译. 北京:北京师范大学出版社,2010.

[7] 村上春树. 世界尽头与冷酷仙境[M]. 林少华,译. 上海:上海世纪出版集团,2007.

[8] 多斯. 结构主义史[M]. 季广茂,译. 北京:金城出版社,2012.

[9] 法伯. 探寻自然的秩序:从林奈到 E. O. 威尔逊的博物学传统[M]. 杨莎,译. 北京:商务印书馆,2017.

[10] 赫拉利. 人类简史:从动物到上帝[M]. 林俊宏,译. 北京:中信出版社,2017.

[11] 怀特. 元史学:19 世纪欧洲的历史想象[M]. 南京:译林出版社,2013.

[12] 康恩. 博物馆与美国的智识生活[M]. 王宇田,译. 上海:上海三联书店,2012.

[13] 拉尔森. 人类砍头小史[M]. 秦传安,译. 海口:海南出版社,2016.

[14] 伦福儒,巴恩. 考古学:理论、方法与实践[M]. 第六版. 上海:上海世纪出版集团,2015.

[15] 罗森伯格,格拉夫顿. 时间图谱:历史年表的历史[M]. 杨凌峰,译. 北京:

北京联合出版公司，2020.

[16] 麦克唐纳.后真相时代[M].刘清山，译.北京：民主与建设出版社，2019.

[17] 芒福德.技术与文明 [M].陈允明，王克仁，李华山，译.北京：中国建筑工业出版社，2009.

[18] 米切尔.云图[M].杨春雷，译.上海：上海文艺出版社，2010.

[19] 皮亚杰.结构主义[M].倪连生，王琳，译.上海：商务印书馆，2006.

[20] 普洛普.故事形态学[M].贾放，译.北京：中华书局，2006.

[21] 热奈特.叙事话语 新叙事话语[M].王文融，译.北京：中国社会科学出版社，1990.

[22] 史密斯.遗产利用[M].苏小燕，张朝枝，译.北京：科学出版社，2020.

[23] 斯奈德.救猫咪：电影编剧宝典[M].王旭锋，译.杭州：浙江大学出版社，2011.

[24] 瓦努瓦.书面叙事・电影叙事[M].王文融，译.北京：北京大学出版社，2012.

中文部分

[1] 陈哲.论历史博物馆展览的真实性[D].杭州：浙江大学，2009：11-22.

[2] 金宇澄.繁花 [M].上海：上海文艺出版社，2013

[3] 金晓颖.当代博物馆的展示叙事研究[D].杭州：浙江大学，2013：22-29.

[4] 克努普，许捷.内容还是容器？作为学科的博物馆学[J].博物院，2017(3)：33-40.

[5] 刘佳莹，宋向光.博物馆的媒介优势——结构主义叙事学视角的博物馆展览试析[J].博物馆研究，2009(4)：3-7.

[6] 尚必武.什么是“叙事”？概念的流变、争论与重新界定[J].山东外语教学，2016(2)：65-73.

[7] 彭刚.叙事的转向：当代西方史学理论的考察[M].北京：北京大学出版社，2009.

[8] 申丹.经典叙事学究竟是否已经过时？[J].外国文学评论，2003(2)：92-102.

[9] 申丹，王丽亚.西方叙事学[M].北京：北京大学出版社，2010.

[10] 谭君强. 叙事学导论[M]. 北京:高等教育出版社,2008

[11] 徐纯. 文化载具:博物馆的演进脚步[M]. 台北:台湾博物馆学会,2008.

[12] 许捷. 空间形态下叙事展览的构建[J]. 博物院,2017(3):41-48.

[13] 许瑞容. 博物馆展示的本质:以布雷希特的戏剧理论观点出发的展示美学[M]. 台南:台南艺术学院,2001.

[14] 严建强. 博物馆媒介化:目标、途径与方法[J]. 自然科学博物馆研究,2016(3):5-15.

[15] 严建强,毛若寒. 博物馆化的拓展:原因、进程与后果[J]. 东南文化,2020(2):135-142.

[16] 尹凯. 生态博物馆:思想、理论与实践 [M]. 北京:科学出版社,2019.

[17] 尤迪勇. 空间叙事学[M]. 北京:生活・读书・新知三联书店,2015.

[18] 张婉真. 当代博物馆展览的叙事转向[M]. 台北:远流出版公司,2014.

[19] 郑雨.《云图》的叙事策略与多元文化[J]. 电影文学,2015(19):131-133.

[20] 周安翠. 博物馆主题展览叙事研究[D]. 南京:南京师范大学,2016:22-35.

后　记

2021 年国庆节的假期，我在象山石浦镇小渔村的海边和里默尔打了一个漫长的视频电话讨论这本书。那个时候，我正在改第一次校样，而里默尔也还没有读过完整的书稿。上一次，我们进行这样长时间高浓度的学术讨论还是在 2020 年的 2 月。当时，我在涛岛进行了半个多月的自由潜训练后，里默尔正好要从阿姆斯特丹去曼谷做一段时间的访问教授。在回国前，我们相约在曼谷小聚，每天去看不同的展览，漫无边际地讨论各种问题，在悦榕庄 61 楼楼顶的 Moon Bar 喝名字怪诞的鸡尾酒。当时我们都没有有意识到这个世界将会因为新冠肺炎疫情发生重大变化。我每天全副武装地出门时，酒店前台都要嘲笑我反应过度，而我都回应说这是对未知病毒应有的尊重。

没有想到的是，疫情导致我无法出门旅行，却也没有加快我写作的进度。这本书基于我的博士论文，但最后写完的时候，原来论文的结构已经所剩无几。在写作的过程中，我有数次停滞几周甚至几个月，始终困惑于到底是为谁写这本书。在我写作博士论文期间，我的导师严建强教授反复提醒我要保持问题意识，论文的写作要解决学术上的问题，但也要对实践领域产生作用。我从 2008 年跟随严老师读硕士研究生开始，就一直参与博物馆展览的策划与设计项目，尽可能保持着理论和实践上的平衡。在这个过程中，我毫不意外地多次听到博物馆界对高校文博专业的研究与业界实操间的距离颇有不满。但这种距离感事实上有助于学者的思考不被卷入到无休止的日常性事务中。我当然没有天真到认为一篇博士论文或者一本书就能解决多么宏大的学术问题，也从来没有想过存在一套解决所有展览实践问题的方便理论。我写完书稿，将其搁置了一段时间，并且读了里默尔给我的反馈，此时，盘旋于心头迷雾般的问题才逐渐显露出一丝的线索。

在 2020 年底一次在线的圆桌会议中，我曾无意中说起，博物馆展览对我来说不是目的，而是一种方法。在写作的过程中，我能清晰地感受到自己在叙事学、博物馆史以及人类学方法上的局限，但这并不妨碍我透过博物馆展览这一棱镜来观察这个世界。正如里默尔在序中所说的，近年来，中国的博物馆展览发生了巨大的变化，对于观众的理解也和我刚开始研究博物馆展览时截然不同了。1983 年，约翰·福尔克(Jonh Falk)在进行观众注意力研究时关注的是展品注意力(attention to exhibit)、环境注意力(attention to setting)、自我注意力(attention to self)、所在团体注意力(attention to social group)和他者注意力(attention to other people)。今天，所有这些注意力加起来，可能都不及手机对于观众注意力的争夺。即便是在电影院，也很少有人可以在观影过程中完全不关注手机的实时推送。同时，参观展览对很多观众来说已成为一种社交货币，展品和展览设计成了拍照的背景。不少博物馆为了扩大宣传，在展览设计时就会特意设置"打卡点"。手机和社交媒体正在重塑观众和展览之间的关系，我们对智能手机的依赖开启了人类的赛博化。我无意评价这种趋势是否是一种积极的文化消费行为。一波接一波的流行浪潮还没有到彻底颠覆原有参观模式的程度，或者说这只是观众的虚荣心通过社交媒体被放大了的表现。这也是为什么，我没有在书中讨论越来越流行的跨界展览，也就是里默尔在序中提到的历史博物馆和艺术装置之间界限的模糊。展览类型的刚性边界，某种程度上也是我们对于学科分类的一种刻板印象。

2013 年，我刚开始进入博士生阶段的研究时，选择的方向并不是展览叙事，而是博物馆和亚文化的关系。博物馆和少数族群之间的关系是我在硕士研究生阶段就感兴趣的话题。对我来说，叙事是一个过度流行的学术词语。就像"内卷"这个概念一样，病毒式的流行对于学术研究可以说是一种灾难。在学术写作时，学者们需要不断地澄清日常语言中对这些学术概念的误读和挪用。我对于展览叙事的研究也是在反复解释和厘清概念中艰难推进，写作的过程在解决一些微小问题的同时也带来更多的困惑。然而我惊喜地发现，当我尝试观察展览叙事中具有不同身份的人群间的关系，以及叙述背后的权力结构时，曾经想要做的研究方向就在那里，只是换了一个方式与我相遇。

最后我想说，这本书是为了那些和我一样，希望探索博物馆更多可能性的同行者而写。展览只是这些可能性中的一个微小面向，博物馆是我们观察和理解这个世界的方法。这样的探索必定很艰难，充满了不确定性，但正是这种不确定性能让我们对这个世界保持足够的好奇心。

许 捷

2021 年 11 月